괜찮다

듣고 적고 전하는
학대피해노인의 이야기

글 박주현

도서
출판 월인

이 책은
학대 없는 사회,
어르신이 행복한 세상을 소망하는
경기남부노인보호전문기관 사회복지사들이
노인학대 현장에서 만난
12명의 학대피해노인들의
이야기를 담았습니다.
글을 써주신 박주현 님과
그림을 그려주신 이도연 님께
다시 한 번 감사드립니다.

괜찮다

자녀를 위한 부모의 삶은
고통과 기쁨의 삶입니다
고통도 자녀의 기쁨을 위한 고통
기쁨도 자녀에 대한 기대와 희망으로
열정을 다할 수 있게 하는
사랑의 기쁨입니다

한평생 자녀를 위한 희생과 수고를
소리 없는 사랑의 불로 태우신 당신의 심장은
이제 까만 숯덩이가 되었건만
늘 하시는 한마디
괜찮다!

때로 부모와 이웃에
착하지 않은 마음과 행동으로 인해
쉴 없는 한 숨으로
인내하셔야 했던 시간들 속에서도

늘 하시는 한마디
괜찮다!

눈에 보이지도 않고
헤아려지지도 않는
"괜찮다" 하시는 속내로 인해
서로 서로 아픈 마음 보듬고
남을 기쁘게 해 줌으로 기쁨을 느끼는
그런 사랑으로 살게 하소서

보시니 좋게 사람을 만드신
하느님의 뜻에 따라
착하게 사는 것이
인간에게 가장 행복한 길임을 깨우치며 살게 하소서

2012년 가정의 달에
김수은 성삼의 베로니카 수녀

오늘도 내일도 괜찮아요

우선, 이 글은 학대피해 어르신들과 사회복지사의 이야기를 그 분들의 입장에서 쓴 글입니다. 과거의 이야기나 학대 상황 등에 표현의 한계가 있어 재구성한 것도 있음을 미리 밝힙니다.

저는 신체적 학대가 노인학대의 전부일 것이라 생각했습니다. 하지만 글을 쓰는 내내 그것이 전부가 아니라는 사실을 알게 되면서 많이 놀랐습니다. 제가 몰랐던 사실은 어르신들을 만나러 돌아다니면서 더욱 많이 느낄 수 있었습니다. 많은 학대에 노출되어 있던 어르신들은 많이 지쳐 있었습니다. 그런 모습들을 어떻게 하면 이 글에서 나타낼 수 있을까 많이 고민했습니다.

그 고민을 해결하기 위해 저는 죄송한 마음으로 그 분들의 아픈 마음을 계속 두드려야 했습니다. 무엇이 그렇게 힘들었는지, 얼마나 아팠는지조차 물어봐야 했습니다. 하지만 어르신들은 괜찮다며 많은 이야기를 해주시려 노력하셨습니다. 그 분들은 이제 지나간 상처일 뿐이라며 비교적 담담하게 이야기 하려 애쓰셨습니다.

그래서 글을 쓰는 내내 그 분들의 지나간 아픔을 슬픔으로 표현하기보다 그 상처를 치유하고 좀더 나은 삶이 되어가고 있다는 점을 쓰고 싶었습니다. 정말 '괜찮다' 라는 말을 어디 가서도 말씀

하시길 바라는 마음이었습니다. 정말 과거에 힘들었지만 지금은 괜찮아졌고 앞으로 더욱 괜찮아질 것이라는 희망이 어르신의 마음에 가득차길 바랐습니다.

저와 어르신들의 이야기를 듣기 위해 동행한 사회복지사들도 같은 생각이었을 겁니다. 아니 어쩌면 사회복지사들 전부가 그런 마음으로 일을 하고 있지 않을까 하는 생각도 듭니다. 남의 상처를 어루만져주며 이야기를 들어주는 것도 결코 쉽지 않은 일입니다. 그래서 그들도 어르신들의 이야기를 들으며 함께 슬퍼하고 아파하며 어르신들의 마음이 치유되기를 간절히 바랐을 것입니다. 또한 그런 일을 하는 게 사회복지사이기에 그런 마음이 저보다 더했을 것입니다.

이 글을 읽으시는 분들도 그런 마음을 느꼈으면 하는 바람입니다. 이 글만으로 그 분들의 지난날의 상처와 지금의 웃는 모습이 다 전달될 수는 없겠지만, 조금이나마 그 마음을 느꼈으면 합니다.

끝으로 제가 글을 쓸 수 있도록 아낌없이 지원해주신 경기남부노인보호전문기관 김수은 관장님과 이혜기 실장님, 권미해 과장님께 깊은 감사의 말씀을 전합니다. 그리고 저와 어르신들 만나러 돌아다니느라 고생하신 사회복지사 여러분께도 고맙다는 말씀을 전하고 싶습니다.

박주현

차 례

우리의 이야기

✻ 피해자 : 정순복 (가명, 여, 74세)
✻ 학대행위자 : 김경식 (가명, 손자, 22세)
✻ 학대유형 : 신체적 학대, 정서적 학대

　피해자는 갑자기 집에 가겠다고 막무가내로 우기며, 사회
복지사에게 돌아가 줄 것을 부탁하였다. 함께 살고 있는 손
자가 자신에게 못된 말을 하고 심지어 때리기까지 하는데
일시보호를 마다하고 그냥 집으로 돌아간다니. 도무지 이해
할 수 없는 상황이었다.

　피해자를 만난 것은 이번 처음이 아니다. 몇 년 전 어르
신은 아들로부터 신체적 학대를 당하여 본 기관과 연을 맺
게 되었다. 지금 그 아들은 교도소에 수감 중이지만 손자인
아들의 자녀 또한 어찌된 일인지 피해자에게 똑같이 학대를
하고 있다. 학대가 반복되는 악순환 속에서 피해자는 살고
있다.

　술을 마시고 피해자를 폭행하여 존속폭행 죄목으로 실형
을 살고 있는 아들, 그리고 현재 피해자와 함께 살면서 같은
학대를 저지르고 있는 손자. 손자는 자신의 아버지를 감옥

에 보내고야 만 피해자에 대한 원망을 품고 있다.

　과거에 기생으로서 부유한 생활을 영위하던 피해자가 미혼모로 아들을 낳고, 그 손자와 함께 살고 있는 지금…… 그들의 이야기는 아직도 끝나지 않았다.

> 피해자는 학대를 자행한 아들, 손자의 변화를 기대하며 여전히 함께 살고 있고, 복지관과 본 기관 등 외부 자원 연계를 통하여 보호받고 있다.

아들의 이야기

엄마와 아버지는 몇 년 전에 이혼했다. 집안의 반대에 결국 굴복한 아버지는 나와 엄마를 남겨둔 채 혼자 집으로 들어가버렸다. 그리고 얼마 후 재혼했다는 소식을 엄마에게 들었다.

어느 날 엄마가 나를 아버지가 사는 곳으로 가라고 했다. 뜬금없는 이야기에 나는 당황했지만, 엄마 혼자 나를 키우기에는 버거워보였기에 엄마의 결정을 조금이나마 이해했다. 아버지 집에 가서 잘 살지는 모르겠지만 참아보기로 했다. 그래도 아버지인데, 나에게는 하나밖에 없는 아버지인데…….

며칠 후 아버지는 우리 집에 찾아와 나를 자기 집으로 데리고 갔다. 나는 할머니, 할아버지 그리고 재혼해서 들어온 새엄마가 계신 곳에서 살게 된 것이다.

"아버지, 저번에 헤어진 부인에게서 난 아들이에요. 기억나세요? 얘 엄마가 하도 부탁하길래 잠깐 데리고 왔는데 잘 좀 봐주세요."

아버지는 할아버지에게 나를 소개했다. 하지만 엄마에게 좋지 않은 감정을 가지고 계셨던 할머니, 할아버지가 나를 반길 리 없었다.

"왜? 여기서 데리고 살려고?"

할머니는 나를 쳐다보지도 않은 채 아버지에게 말했다. 순간 난 숨이 막혔다. 아는 척조차 하기 싫은 것처럼 할머니는 아버지에게 그렇게 말했다. 나를 반겨주지 않는 곳에서 살 수 있을까 하는 생각도 들었다.

그 후로도 계속된 냉대와 무시가 계속되었다. 밥도 맘대로 먹을 수 없었고 행동도 조심해야 했다. 그런 냉대 속에 나는 아버지에 대한 원망만 늘어가고, 엄마와 함께 지냈던 집이 그리워졌다. 하지만 난 집을 뛰쳐 나가기에는 어렸다. 난 아버지에게 계속 집에 보내달라고 이야기했다. 그리고 다시 엄마 집으로 돌아올 수 있었다.

집으로 돌아온 나는 자초지종을 묻는 엄마에게,

"도저히 살 수 없어요. 제가 그 집에서 할 수 있는 것은 참는 것 하나뿐이에요. 맘대로 먹지도 움직이지도 못했다고요. 할머니, 할아버지는 어서 나가라는 말밖에 하지 않았어요. 내가 있을 곳이 아니라면서요. 아버지는 아예 모른 척하며 지냈어요. 내가 그렇게 힘들어 하고 있을 때 손도 한번 잡아주지 않더라고요. 이제 그 사람을 아버지라고 부르지도 않을 거예요."

나는 울먹이며 힘들었던 지난 시간을 떠올리며 이야기했다. 그 후 엄마는 내가 무시를 당한 게 한이 됐는지 내가 하고자 하는 것이나, 먹고 싶은 것 모두 다 해줬고 나는 물질적으로 풍족하게 살며 어린 시절을 보냈다.

하지만 내가 필요한 것은 물질의 풍요가 아니라 사랑이었다. 아버지한테 못 받은 사랑, 엄마한테 듬뿍 받고 싶었다. 하지만 엄마는 늘 바빴다. 그럴수록 우리는 점점 더 멀어지고 난 어린 시절을 외롭게 보내야만 했다. 그리고 시간이 지나고 어른이 되어서도 사사건건 엄마와 부딪히고 있었다. 엄마가 나를 이해하려고 한 적이 한 번도 없었다고 생각했기 때문이다.

"제가 이렇게 된 것은 다 엄마 때문이라고요. 도대체 엄마가 나에게 해준 게 뭐 있어요? 풍족한 삶? 그게 설마 저를 위한 전부라고 생각하시는 것 아니죠? 아버지는 날 버렸고, 엄마는 늘 밖으로 겉도셨죠. 풍족하게 살았지만 결국 날 사랑해주는 사람은 없었다고요. 마음을 열 사람이 없는데 어떻게 내가 버티냐고요? 지금은 또 어때요? 폭삭 망하고 뭐 하나 남은 것도 없잖아요. 이젠 엄마가 더 이상 나에게 해줄 것도 없잖아요."

난 언젠가부터 삶이 힘겨울 때마다 술을 마시기 시작했다. 술은 나에게 많은 의지가 되었다. 술을 마시면 엄마에게 많은 이야기를 할 수 있었다. 술에 의존하면 할수록 난 엄마와 아들을 더욱 힘들게 하고 있었다. 나중에 그 사실을 알고 무척 놀랐다. 술 때문에 스스로 통제가 되고 있지 않았다.

술만 마시면 나의 화를 모조리 엄마에게 풀어내고 있었다. 하지만 난 술을 끊기가 너무 힘들었다. 자식 놈에게까지

손찌검을 했다고 한다. 이제 더 이상 버티기가 힘들어진다. 어떻게든 살아보려고 아등바등 노력하지만 결국 다시 술병이 내 손에 들려 있다.

이젠 아내와도 이혼했고 연락도 안 된다. 자식 놈은 지 엄마가 많이 보고 싶을 텐데 내색 한 번 안하고. 지금 집세도 자식 놈이 근근이 벌어오는 돈으로 내는 것인데. 아버지로서 참 염치가 없다. 이제 다시 술을 끊겠다고 다짐하고 마음을 먹지만 난 다시 술을 마시고 엄마와 자식 놈에게 몹쓸 상처만 주고 말았다. 술로 인해 난 결국 하지 말아야 할 것을 하고 말았다. 그리고 지금 구치소에 수감되었다.

여기서 10개월을 지내야 한다고 했다. 앞으로 어떻게 지내야 할지 앞이 캄캄했다.

손자의 이야기

아버지가 구치소에 수감되었다. 며칠 전 할머니는 아버지가 술 마시고 자신을 때렸다며 길 밖에 나가 도움을 요청했다. 마침 지나던 행인이 경찰에 신고했고, 그 후 아버지는 바로 경찰에 연행되었다. 경찰과 함께 나온 경기남부노인보호전문기관의 사회복지사가 할머니를 모시고 나갔다.

그 후 아버지는 구치소에 수감되었고 나는 아버지와 제대로 인사도 못 나눈 채 이별을 하고 말았다. 평소에 할머니와 난 대화가 없었다. 할머니는 아버지가 매일 자신을 때리고 힘들게 한다고 했지만, 할머니도 별반 다를 게 없었다.

할머니는 늘 자신의 잣대로 우리를 간섭했고 우리는 그것을 견딜 수 없었다. 그럴 때마다 아버지는 술을 마셨고 할머니에게 화풀이를 하셨다.

아버지는 엄마와 결혼할 때도 그렇고 나를 낳을 때까지도 할머니와 많이 싸웠다고 했다. 엄마가 집을 뛰쳐 나가고 아버지는 그 후로 술에 의존하며 지냈다.

아버지가 수감된 후 난 할머니를 온전히 쳐다볼 수가 없었다. 아버지가 저렇게 고생을 하는 것이 할머니 때문이라고 생각했다. 할머니도 아버지에게 온전한 사랑을 준 게 아니면서 왜 아버지에게 저런 고생을 겪게 하는지. 우리 엄마도 그 상황이면 저랬겠지. 자식 버리는 부모나, 할머니나 다를 게 뭐가 있어? 그 후 난 할머니를 무던히 괴롭혔다. 다 할머니 탓이라 생각했다.

그러던 차에 경기남부노인보호전문기관에서 사회복지사들이 방문했다. 내가 할머니를 때려서 찾아왔다고 했다. 난 사회복지사들과 말하기 싫었다. 내가 잘못한 게 없는데, 할머니가 다 그렇게 만든 건데.

내가 할머니를 괴롭힌다고 모든 사람들이 그렇게 생각하겠지.

적어도 난 그렇게 생각하지 않는다. 아버지와 내가 이렇게 된 것은 다 할머니 때문이다. 난 할머니에게 적대감 가득한 원망만 있을 뿐이었다.

하지만 사회복지사들은 나와 대화를 하고 싶어했다. 나와 할머니의 관계를 좋게 만들기 위해서라고 했고, 아버지가 출소하면 더 이상 이런 상황이 일어나지 않게 하기 위해서도 그렇다고 했다. 나는 상담을 받을 이유가 없어 거부했다. 잘못한 게 없다고 생각했기 때문이다. 하지만 그들은 끊임없이 나에게 말을 붙였고 이야기를 하려고 노력했다.

결국 난 상담을 받아들였고 그들에게 내 이야기를 했다. 과거 이야기와 마음 속에 있는 이야기까지 하니 속도 풀리고 원망도 조금은 누그러드는 것 같았다. 사회복지사들은 내 이야기에 귀기울여 주었으며 많은 도움을 주려 애썼다.

그들은 이 상황이 왜 일어났는지에 궁금해 하며 이유를 찾으려 애썼다. 그래야 서로에게 쌓인 오해를 풀어 좋은 관계를 유지할 수 있다고 했다.

아버지는 10개월이 지나 출소했고, 지금 세 식구가 모여 함께 살고 있다. 아버지는 보호감찰 중이라 신변도 자유롭지 못했지만, 나와 시간을 함께 보내려고 애쓴다. 할머니도 아버지가 달라졌다며 좋아했다.

며칠 전에는 내가 번 돈으로 밀린 방세를 냈다. 할머니도 거동이 불편하고 아버지도 보호감찰 중이라 돈 벌 수 있는 사람은 나밖에 없다. 할머니는 연신 미안해하며 눈물을 보였다.

난 아버지가 더 이상 아프지 않았으면 좋겠다. 마음이 너무 아픈 아버지, 그리고 그것을 여태 몰랐던 할머니. 앞으로 서로의 마음을 확인하며 행복하게 지냈으면 좋겠다.

오늘도 사회복지사가 온다고 연락을 했다. 아버지와 난 부끄러워 운동을 핑계로 미리 집을 나섰다. 아버지는 사회복지사들과 마주치는 게 아직도 어색하다고 했다. 운동을 끝내고 집에 돌아오니 막 돌아가려는 채비를 하는 사회복지사를 만났다.

"잘 지내니? 얼굴이 좋아졌네? 여전히 수줍음 많이 타네. 다음에 또 보자. 어르신 안녕히 계세요."

사회복지사는 나를 보며 반가워하며 말했다. 그들이 떠난 뒤 난 문득 생각했다.

비록 지금은 힘들지만 따스한 사람들 덕분에 희망을 갖고 살 수 있는 거라고…….

행복해지고 싶다고
난 오늘도 간절히 기도합니다

✳ 피해자 : 차진옥 (가명, 여, 78세)
✳ 학대행위자 : 정경식 (가명, 장남, 55세)
✳ 학대유형 : 신체적 학대, 정서적 학대

아들이 술을 마시고 들어오는 날에는 밤새 숨죽이며 아들의 폭언과 욕설에 시달렸다. 방문이라도 열리는 날에는 피해자는 몸과 마음에 시퍼런 멍이 든다.

피해자는 아들을 피하여 딸의 집에 살 수 있지만 혼자 있을 아들을 생각하며 다시금 이를 악물고 마음을 돌린다.

손자라도 있다면 아들을 곁에서 챙겨 줄 텐데 손자는 입대하여 아들의 곁을 지키지 못한다. 그래서 피해자는 오늘도 무섭고 가여운 아들의 곁에서 자리를 지킨다.

> 피해자는 혼자 있을 아들이 혹여 잘못 될지도 모른다는 우려 때문에 아들과 분리하는 것을 재차 거부하였으며, 본 기관에서는 어르신을 지속적으로 모니터링 하며 아들과의 분리에 대한 설득 및 재학대 여부를 지속적으로 확인하고 있다.

첫 번째 이야기

많이 아팠다. 맘도 아팠고 몸도 아팠다. 이제는 더 이상 아파하고 싶지 않았다. 도움의 손길을 청하고 싶었다. 하지만 나는 그럴 용기가 없었고 다시 나에게 찾아올 고통은 더욱 날 두렵게 했다. 집에 있는 아들은 나에게 무척이나 두려운 존재였다.

무더위가 기승을 부리던 한 여름, 난 어김없이 파지를 주우러 거리를 거닐다가 더위를 피하기 위해 집에 들어왔다. 집에 들어서자 나를 반겨주는 사람은 없었다. 집에 사람이 없어서가 아니었다. 집에 있는 사람은 이웃보다도 나를 더 힘들게 하는 사람이었다.

툭하면 나에게 화내고 돈은 벌어오지 않으면서 밥 투정에 술도 많이 마시는 아들. 나를 무척이나 힘들게 하는 아들은 늘 그렇게 집에 있었다. 알콜 중독이라도 된 마냥 늘 술에 쩔어 있고 뭐가 그렇게 불만이 많은지 나에게 늘 화풀이 하는 사람. 난 그런 아들과 함께 살고 있다.

그러던 어느날,

"안녕하세요. 경기남부노인보호전문기관에서 나왔는데요. 어르신께서 아드님한테 학대를 당하신다고 해서 도와드리러 나왔어요."

생각지도 못한 방문. 사회복지사들이 집으로 찾아왔다.

난 서둘러 그들을 데리고 밖을 나섰다. 분명 내가 아들한테 맞고 있다는 사실을 알고 왔을 터인데, 집에서는 어떠한 이야기도 할 수 없었고, 아들이 깰까봐 두려웠다.

"어여 나가요. 조용히. 아들이 자고 있는데, 일어나면 안 되니 어여 나가자고요."

난 서둘러 집을 나서며 그들에게 이야기했다.

"아들이 나 힘들게 하는 것은 맞아요. 하지만 난 맞고 살지 않아요. 어떻게 알고 왔는지는 모르지만 잘못 찾아온 거야. 난 아무데도 가지 않을 것이고 도움도 필요 없어. 그러니 어여 다시 돌아가요."

그들은 주변 이웃들의 신고를 받고 찾아왔다고 했다. 내가 원하던 도움을 줄 수 있을 거라 생각했던 사람들이 찾아왔지만 학대 사실을 철저히 부인했다. 그토록 기다리던 사람들이 찾아왔음에도 난 또다시 외면하고 말았다. 먹고 살기에 급급했고 아들이 가끔 불쌍해질 때가 있었다. 그럴 때마다 난 마음이 한없이 약해지고는 했다. 내 속마음은 그게 아니었는데도 말이다. 그리고 두려웠다. 내가 학대 받는 사실을 다른 사람이 알게 되는 것이 두려웠고, 만약 아들이 안다면 더 심해질 고통이 두려웠다.

난 어떻게든 학대 받고 있다는 사실을 숨겨야만 했다. 그게 그나마 고통을 덜 받을 수 있는 유일한 길이라 생각했기 때문이다.

딸들은 내가 학대 받는 것을 알고 있다. 하지만 딸들도 아무런 힘이 되어 주지 못한다. 아니 내가 그 도움을 외면하고 있다는 사실이 맞을지도 모르겠다.

아들에게 맞는 상황도 힘들지만 이렇게 내가 무기력하게 포기하는 마음도 힘들다. 어떻게든 벗어나려 노력해야 하건만 난 두려워만 하고 있다. 내 미래는 온통 먹구름이 잔뜩 끼어 있었다. 매일 파지 줍는 일로 힘든 육체, 아들로 인해 생긴 마음과 몸의 상처들. 오직 기도만 할 뿐이다.

두 번째 이야기

오늘은 허리가 무척이나 아팠다. 내 몸도 많이 늙었지만, 며칠 전 아들이 때린 부위라 아픔이 더했다. 이제 조금씩 한계가 찾아올 때가 됐다. 아들은 아직도 술에서 헤어 나오지 못했고 같이 살던 손자가 군대를 가고 나서는 나를 더욱 괴롭혔다. 그나마 손자가 있을 때에는 덜 하는가 싶었는데, 이제는 손자가 없으니 얼마나 나를 더 괴롭힐 것인가. 며칠 전에는 '죽어' 라고 소리치면서 눈을 부릅뜨며 나를 때렸다. 너무 무서웠다. 어디라도 도망치고 싶었다. 아파서 더 이상 움직일 기력도 없었다. 오늘은 파지를 주우러 나갈 엄두조차 나지 않았다. 그렇게 난 한참이나 누워 있어야 했다.

그렇게 누워 있는데 집으로 전화가 왔다.

"안녕하세요, 어르신. 여긴 경기남부노인보호전문기관인데요. 기억하세요? 예전에 찾아갔었는데요. 이번에도 신고 전화가 걸려왔어요. 아드님한테 학대 당하신다고요. 힘드시면 저희 거부하지 마세요. 어르신 힘드시잖아요. 저희가 한번 방문해서 이야기 좀 나눌까 해요. 아드님 아직도 집에 계세요?"

예전에 나를 찾아왔던 기관, 사회복지사의 전화였다. 난 그들의 전화를 받고 눈물이 나려는 것을 억지로 참으며 입을 열었다.

"기억나요. 아들은 하루 걸러 일을 나가거든요. 오늘은 없으니 오셔도 되요. 이제는 거부하지 않을 게요. 아들과 따로 살고 싶어요. 이제는 아들보다 제 자신이 더 불쌍해요."

난 다시 찾아온 그들에게 도움을 요청하고 싶었다. 이대로는 더 이상 아들과 함께 살 마음이 없었다. 어느 정도 시간이 흐른 뒤에 사회복지사들이 집으로 찾아왔다.

"저 이제 더 이상 못참겠어요. 방법이 없을까요? 아들이 집을 나갈 것 같지 않으니 저라도 나갈까 해요. 아님 다른 방법이라도. 어디 요양원이라도 들어갈 수 있을까요?"

난 간절했다. 간절한 만큼 이제는 더 이상 피하지 않으리라 다짐하며 그들에게 나의 사정을 이야기했다.

아들이 일을 나가지 않을 때 나를 향해 쏟아지는 분노의 학대. 난 그 앞에서 한없이 약한 노인이었다. 사회복지사들과 많은 이야기를 나누었다. 내 과거부터 현재까지. 그들은 나의 과거를 통해, 아들과의 관계를 알고 싶어했다. 세상에 이유 없는 학대는 없다고 이야기하지만 난 아들에게 분명 많은 것을 해주려 노력했다. 난 과거를 돌이켜봤다.

나에게는 아들과 세 딸이 있었다. 아들은 내가 배 아파 낳은 자식이 아니었다. 그걸 알고 있었기에 아들에게 더 정성을 쏟았다. 혹여 딸들에게만 애정을 쏟아 아들이 입을 상처를 걱정했기 때문에. 하지만 아들은 그것을 오히려 부담감으로 받아들였나보다.

난 무엇을 하라고 강요한 적도 없었고 무조건 아들의 의지대로 해주려 노력했다. 아들이 해외에 나가서 일을 한다고 해도 나가라 했고 귀국해서 여자와 산다고 방을 얻어달라고 했을 때에도 방을 얻어줬다.

나의 그런 행동들이 아들에게는 사랑이 아니라 무관심이라고 생각했을지도 모르겠다. 하지만 그건 나만의 아들 사랑법이었다.

몇 달 전, 딸들과 함께 베트남 여행을 다녀왔다. 여행지에서 딸들은 어린 시절 자신들보다 아들을 더 챙겨준 것에 대한 서운함을 호소했다. 난 딸들이 서운함을 느낄 만큼 아들에게 헌신했다고 생각했다. 하지만 지금 돌아오는 것은 나를 괴롭히는 학대 뿐이다.

"어쩌면 아드님께서 어르신의 사랑을 온전히 받아들이지 못한 것 같아요. 무관심이라 느꼈을지도 모르겠네요. 그래서 그 화를 지금 어르신께 하는 것 같아요. 물론 학대행위는 어떤 이유에서든지 합리화 될 수는 없지만요."

난 사회복지사들의 이야기를 들으면서 그럴지도 모르겠다 생각했다. 문득 아들이 불쌍하다는 생각이 들었다. 다시 내 맘은 한없이 약해져 집에서 아들과 함께 있어야겠다는 의지가 피어오르고 있었다.

'더 이상 약해지지 말자.'

이제는 그렇게 살지 말자고 다짐하며 사회복지사들을 만난 거 아닌가. 이제 더 이상 두려워하지 말고 편안한 노년을 보내자고 생각하지 않았던가.

난 그들의 손길을 거부하지 않았다. 적어도 내게는 행복해질 권리가 있다. 아들이 안쓰럽기는 하지만 가끔 찾아와 돌봐주면 될 것 같다. 더 이상 아파하지 말고 함께 행복해질 수 있는 방법을 찾아야 할 것 같다.

세월을 다시 되돌릴 수 있는 능력이 나에게는 없다. 하지만 앞으로 다가올 시간들을 행복하게 보낼 수 있는 방법과 의지가 있다면 행복해질 수 있다고 생각한다.

그런 의지를 갖고 모든 일을 견뎌낸다면 분명 지금보다는 훨씬 나아지리라 생각한다.

더 이상 두려움에 떨기보다는 앞으로의 미래를 생각하며

조금 더 나은 생활을 하고 싶다. 딸들에게도 가고 싶고 내가 편안히 쉴 수 있는 공간도 마련하고 싶다.

아들에게 나의 잘못된 사랑을 베풀 필요는 없다. 아들이 나에게 느끼는 감정을 인정하고 더 이상 숨죽여 지낼 필요까지는 없을 것 같다. 그게 아들과 내가 견뎌내야 할 숙제인 셈이다.

이젠 그만해요

✲ 피해자 : 김재명 (가명, 여, 73세)

✲ 학대행위자 : 남재철 (가명, 배우자, 74세)

✲ 학대유형 : 신체적 학대, 정서적 학대

술을 마신 배우자에게 위협받고 있는 피해자가 집에 홀로 남겨진 사이 사회복지사들은 지구대 경찰들과 협력하여 피해자를 안전히 대피하도록 하였다.

몇 가지 옷가지와 휴대전화만을 챙길 수 있었던 배우자로부터의 도망, 그리고 도피를 방불케 하는 일시보호 기간 동안 배우자는 끊임없이 피해자의 추적자가 되었다. 피해자는 신변 노출의 위험에서 자유로울 수 없었고 시설을 옮겨 다닐 수밖에 없었다.

피해자는 배우자와의 이혼을 원하지만 경제적인 부분 등 구체적 준비와 이혼 절차 진행 등 이후의 방법이 마련되지 않은 상황에서, 배우자가 다시 학대할 경우 강제 입원에 동의한다는 각서를 피해자의 요구에 따라 자필로 작성하였고, 피해자는 자신의 의지로 귀가하였다.

이제는 다른 사람으로 변할 줄 알았던 배우자, 그는 결국 피해자에게 씻을 수 없는 상처로 남게 되었다.

술을 마신 배우자에게 끊임없이 학대를 받아 온 피해자는 각
서대로 가족들과 함께 배우자를 강제 입원시켰고, 현재 다른
거주지에서 혼자만의 시간을 가지며 안정을 취하고 있다.

오늘 역시 거나하게 술에 취해 들어온 남편. 요즘은 술 마시는 것이 일상이라도 된 마냥 꽤나 자주 마시고 들어온다. 술에 취해 있는 모습 때문에 힘든 것은 아니다. 술 마시는 것은 그럴 수 있다고 생각한다. 하지만 술에 취해 하는 행동들이 나를 많이 힘들게 한다. 그게 싫은 것이다. 술에 취하면 의심하고 그 의심을 자기 혼자 확신한다. 그리고 폭행과 폭언이 이루어지며 나를 힘들게 한다. 그런 행동들은 거의 대부분이 술을 마시고 이루어졌다. 물론 술을 마시지 않아도 그런 행동들이 가끔 나오지만, 술을 마시면 훨씬 더 행동이 과격해진다.

남편은 혀가 꼬부라진 목소리로 내게 말했다.

"어이, 집에 있었네? 오늘은 뭐하고 있었나? 위층 교수와 또 만났나? 아님 아직도 나와 결혼한 것을 후회하며 나를 욕하고 있었나?"

또 막말이 시작되었다. 이젠 별반 놀라지도 않는다. 다만 뒤에 나올 행동들이 신경쓰인다. 예전에는 이렇게 심하지 않았지만, 시간이 갈수록 강도가 더해지고 있었다.

남편은 나의 고통을 아랑곳하지 않는다. 자신의 생각이 맞으면 그것 뿐이었다. 더욱이 남편을 제어해 줄 사람이 주변에 아무도 없다. 시어머니, 시아버지가 살아 계실 적에도 막무가내였는데, 지금은 자신을 제어할 어른도 살아 계시지 않으니 무엇이 무섭겠는가?

난 그동안 남편과 살면서 행복하다는 생각을 단 한번도 해본 적이 없었다.

행복은 나에게 오지 않는 대신 불행이란 놈을 가져다 주었다. 남편과의 결혼 초반부터 난 후회하기 시작했다. 물론 많은 것을 기대하고 시작한 결혼은 아니었지만, 난 물질적인 풍요보다는 사랑을 주고 받는 사이가 되고 싶었다. 하지만 그런 내게 남편은 사랑보다는 비난을 일삼고 나의 행동 하나하나에 의심과 불만을 표출했다. 결혼 초에는 대화로 많은 것을 풀고 싶었다. 시부모님께서 살아계시니 이야기해 보고 남편의 잘못된 행동들이 어디서 비롯된 것인지 알려고 무척 애를 썼다. 하지만 시부모님은 그런 것에 신경 쓰려 하지 않았다. 시댁은 가족 전체가 따로 사는 것 같았다. 같이 모여 대화하기보다는 각자의 삶에만 몰두하고 있었다.

우리집과는 문화가 많이 다르다고 생각했다. 친정 부모님은 항상 사랑과 대화를 가장 중요하게 생각하셨다. 자상한 부모님 밑에서 자란 나는 사랑을 주고 받는 것이 얼마나 중요한지 알고 있었다.

하지만 남편은 항상 자신에게 가장 중요한 주관대로 모든 것을 해석하는 것을 최고라 생각했다. 우리집과는 다른 문화. 하지만 결혼 후였기 때문에 모든 것을 서로 이해하고 받아들여야 한다고 생각했다.

남편은 의심이 많고 자기 만족이 굉장히 강한 사람이었

다. 또한 자기 주관이 뚜렷해서 도통 다른 사람 말을 들으려 하지 않았다.

심지어는 시부모님도 남편을 제어해 주지 못하셨다. 그렇기 때문에 남편에게 무서운 사람은 아무도 없었다. 비뚤어진 주관으로 모든 것을 바라보기 시작하면 끝이 없었다.

의심을 한 번 하기 시작하면 누구의 말도 듣지 않는다. 내가 바람을 피운다, 자기를 사랑하지 않는다는 등의 이유로 나에게 폭언과 폭행을 일삼기 일쑤였다.

이혼을 생각 못한 것은 아니었다. 하지만 이혼도 그 사람을 피할 수 없었다. 자식들도 아버지를 포기한 상태였다. 몇 년 전에 결혼한 아들은 분가하게 도와준 나에게 정말 고맙다면서 이야기 한 적이 있다. 분가하지 않았다면 어머니가 당하는 모습을 지켜봐야 했고, 자식들에게 보여주지 말아야 할 것을 보여줘야 하니 얼마나 다행인가. 나도 정말 잘했던 것 같다. 아들은 자기 집에서 같이 살자고 했지만, 그 의심을 감당할 자신이 없었다.

이런 아버지 밑에서 자란 아이들과 이런 남편과 살아온 나. 그 사람은 알기나 할까? 자기 자신으로 인해 고통 받는 사람이 꽤나 많다는 것을.

특히 나는 그 사람이 때리고 의심하고 욕하는 것까지 자식들 생각하며 어떻게든 참아보려 했다.

지금은 내 한 쪽 다리의 절반이 없다. 그 사람이 쓸데없는

고집을 피운 덕분이다. 의사의 처방대로만 따랐으면 최소한 절단만은 피할 수 있었을 텐데. 자기가 잘 안다며 자기 방법대로 하면 다 낫는다고 큰소리치더니 결국 이렇게 되어 버렸다. 나도 바보지만, 그 사람은 부인의 다리를 이 지경으로 만들어 놓고 어떻게 태연하게 살 수 있는지 정말 이해할 수가 없다.

결국 난 전화기를 들었다. 노인학대 상담기관에 연락할 참이었다. 평소에 이런 것을 대비해 전화번호와 기관을 알아봤었다. 경기남부노인보호전문기관. 그 기관에 연락하면 많은 도움을 받을 수 있다고 주변 이웃이 이야기 해줬다. 물질적인 도움을 바라는 것이 아니기 때문에 더욱 간절했다. 더 이상 참고 살다가는 남은 인생마저 우울해질 것이 뻔할 것이다. 이제라도, 조금 남은 인생만이라도 나를 위해 살고 싶다. 남편 신경 쓰고 싶지도 않다.

"안녕하세요. 거기 노인보호기관이죠? 제 남편이 저를 못 살게 굴어서 살 수가 없어요. 저 좀 도와주세요."

난 경기남부노인보호전문기관에 전화를 해서 도움을 요청했다. 학대받는 노인들을 위해 일을 하는 곳이라고 했다.

기관에서 나온 사회복지사들은 나와 이야기를 나누며 내가 원하는 것이 무엇인지 알고 싶어 했다. 또한 남편이 그동안 어떻게 괴롭혔는지도 알고 싶어 했다.

나의 이야기를 들은 기관의 사회복지사들은 여러 가지 방법을 가르쳐 주었다. 그 중 나는 남편과 떨어지기를 원했기 때문에 강제입원의 방법을 선택했다. 그게 내가 남편과 따로 지낼 수 있는 유일한 방법이라 생각했다.

다시 나를 찾아올까 두려웠지만 그럴 수 없다고 했다. 난 아들네 집에 와 있고 그 사람은 병원에 강제 입원되어 있다.

이제야 숨통이 조금 트인다. 그동안 어떻게 참고 살아 왔는지…….

난 창살 없는 감옥에서 끊임없이 감시하는 간수 한 명과 살고 있었나 보다. 출옥을 하고 나서 보니 세상은 정말 숨쉬기가 편했다. 그 감옥은 남편이 만들어 낸 세상이었다. 이제야 나의 의지대로 살아갈 기초를 마련한 셈이었다. 맑은 공기와 따뜻한 사람이 있는 곳에서 내 인생의 마지막을 정리하며 살고 싶다.

한 여자의 남편, 자식들의 아버지. 어쩌면 그도 또 다른 인생의 피해자일지도 모른다. 그렇지만 그가 선택한 것은 화해와 이해가 아닌 혼자의 고집이었다. 결국 우리는 헤어질 수밖에 없다.

그래도 이것이 최선이라면 받아들이고 더 이상 남편도 힘들게 살지 않았으면 좋겠다. 현재는 아들네 집에 있지만 조만간에 지방에서 친구와 같이 살기로 약속을 했다. 특별히 거창한 계획은 없지만 내게 부여된 자유로운 삶을 편하게 누리고 싶다.

돌이킬 수 없는 내 지난 날,
그리고 후회

✻ 피해자 : 권현남 (가명, 남, 61세)

✻ 학대행위자 : 권현남 (피해자 본인)

✻ 학대유형 : 방임 (자기방임)

피해자는 빌딩 아래 계단에 앉아 비를 피하고 있었다. 피해자 옆에는 빈 술병이 덩그러니 놓여져 있었고, 피해자는 그저 내리는 비와 행인을 바라보며 그냥 그렇게 앉아 있었다.

얼마 전 교통사고를 당하였고 제대로 치료를 받지 못하여 지팡이처럼 사용하는 우산 없이는 어디도 갈 수 없었고 술에 의지하여 고된 하루를 달래는 날이 많아 이제는 술이 없이는 생활할 수 없었다. 이 때문에 피해자는 정신과병원에 여러 차례 입원하였으나 제대로 된 치료를 받기도 전에 다시 퇴원하여 노숙을 하며 술에 의지하는 생활이 계속되었다.

피해자는 매우 아파보였다. 교통사고로 인해 불편해진 다리, 다 썩어 빠져버린 치아…….

피해자는 노숙을 지속할 경우 건강이 극도로 악화될 수 있는 상황이었다.

피해자는 현재 본 기관과 연계된 병원에서 치료를 받으며 건강을 회복하고 있으나, 피해자의 자녀는 여전히 피해자와의 연락을 거절하고 있다.

비가 하루 종일 쉴 새 없이 쏟아진다. 이렇게 비가 많이 오는 날은 나에게 곤욕이다. 마땅히 갈 곳도 없는, 노숙자인 내게 피할 장소도 마땅치 않기 때문이다. 그렇다고 비를 맞으며 밖에 있을 수 없기 때문에 나는 할 수 없이 빌딩 근처로 몸을 피했다.

몸을 피하고 나니 몸이 으슬으슬 하다. 이렇게 쏟아지는 비를 보니 옛 생각이 나며 쓴 웃음이 나온다. 지금껏 내가 뭐하고 살았나 싶다. 집도 없고 갈 곳도 없고, 특히 이렇게 비 오는 날에는 추위와 배고픔을 더욱 많이 느끼는데, 우울하기만하다. 내 나이 벌써 육십을 훌쩍 넘었다. 그런데 아직도 난 갈 곳이 없는 노숙자 신세라니……. 더 이상 내 신세를 한탄하기에는 너무나 많은 세월이 흘러버렸고 이젠 돌이킬 수도 없는 상황까지 왔다.

오늘따라 괜히 울적해진다. 내 신세도 신세지만, 과거의 일을 떠올리면 한없이 슬퍼지고 울적하다.

"아빠, 꼭 나가서야 해요? 엄마랑 이혼한 지 얼마나 되셨다고 집을 나가세요? 아빠마저 나가면 저희는 어떻게 살라고요? 다시 한 번 생각해보세요. 어떤 것이 진정 아빠를 위한 건지요."

나는 딸들에게 집을 나가고 싶다는 얘기를 했다. 정확히 말하면 나가겠다는 결정은 이미 내 스스로 내리고 딸들에게 통보만 하는 셈이었다. 딸들은 나의 이야기에 당황하고 분노했다. 아내와 이혼한 지 얼마 되지 않은 터라 딸들의 입장도 이해는 했다. 그렇게 딸들은 무책임한 아빠에게 다시 한 번 생각하길 권유했다. 그렇게 딸들은 나를 잡으려 했다. 하지만 아이들의 만류에도 불구하고 난 딸들의 기대에 답해주지 못했다.

"미안하다. 이 아빠는 도저히 이대로는 살 수가 없다. 너무 답답해. 이 삶이 나에게는 구속같이 느껴져. 어떻게든 벗어나지 않으면 미쳐버릴 것 같구나."

그렇게 난 나의 입장만을 이야기하고 아이들 곁을 떠났다. 엄마도 없어서 고생할 것을 뻔히 알면서도 말이다. 지금 돌이켜 생각해보면 그 때는 그것이 나에게 최선인 줄 알고 있었다. 그렇게 집을 나오는 날 비가 많이도 내렸다.

그 때 지금 이렇게 후회할 것이라고 짐작을 했더라면, 조금이라도 했다면, 그렇게 뛰쳐나오지 않았을 텐데. 후회가 되지만 이미 화살은 떠난 후였다. 후회는 언제나 해도 늦는 법이다. 세상은 후회를 기다려주지 않는다. 후회하기 전에 언제나 선택을 해야 하기 때문이다.

집을 나온 이후로 난 행복하게 살 수 있을 것 같았다. 내게는 자유로운 세상만 보일 뿐이었다. 하지만 그 뿐이었다. 나는 자유를 얻은 대가로 많은 것을 잃어야 했다.

난 혼자가 되는 것을 선택했다. 누구의 강요도 아니었고,

오로지 나의 생각, 나의 결정이었다. 세상 밖으로 나가 살면 정말 신나고 좋은 일만 가득할 줄 알았다. 더 이상 얽매이지 않고 하고 싶은 것 마음대로 할 수 있는 세상이 도래할 줄 알았다.

하지만 세상은 크고 위험했다. 나약한 내 자신이 기댈 곳 도 심지어 내 몸 하나 뉘일 곳도 없었다. 그렇게 난 어렵게 혼자만의 생활을 시작했다.

결국 내가 할 수 있는 것은 노숙 이외에 없었다. 돈을 벌 려고 했더라면 이렇게까지 비참하게 살지는 않았을 테지만, 난 그러지 않았다. 그러고 싶지 않았다는 것이 맞다. 그냥 자유롭게만 살고 싶었으니까. 배고프면 끼니를 찾아 돌아다 니고 밤이 되면 잘 곳을 찾아 돌아다니는 방랑자였다. 시간 이 그렇게 흐르면 흐를수록 난 점점 피폐해지고 있었다. 흡 연과 잦은 음주로 몸은 점점 망가지고 정신은 조금씩 붕괴 되고 있었다. 난 그렇게 나를 조금씩 방치하고 있었다. 내가 원하던 자유가 이게 아닌 줄 알면서도 나는 끊임없이 나를 방치한 자유속에서 헤어 나오지 못하고 있었다.

'네 몸은 지금 망가지고 있어. 더 이상 이러지마. 이제라 도 정신 차리고 빠져나와야지. 나중에 분명히 후회할 거야.'

언젠가 나에게 내 몸이 부르짖던 소리다. 난 듣지 않았다. 외면했다. 시간은 조금씩 흘렀지만 나는 스스로를 돌아볼 생각조차 하지 않고 있었다. 외면은 결국 후회를 남길 줄 알

면서도 말이다.

난 나의 존재 자체가 다른 사람에 해가 된다는 생각을 해본 적이 없었다. 난 자신에게 피해를 줬지, 다른 사람에게 직접적인 피해를 준 적이 없었다. 하지만 그들은 내 존재 자체가 위협적이고 피해를 준다고 생각했다. 난 잘 곳과 먹을 것을 찾으러 돌아다니고, 단지 비와 눈을 피하려 움직였을 뿐이었는데 말이다.

내가 다니는 곳마다 나의 몸에서 나는 악취와 나의 이상한 행동들에 사람들은 눈을 찌푸렸다. 그리고 사람들은 점점 나를 피하고 있었고, 이젠 불쌍한 눈도 아닌, 혐오감 가득한 눈으로 나를 바라보고 있었다.

그러던 어느 날, 공공기관에서 나를 찾아왔다. 나의 처지를 관망하다 불편해진 주민들이 신고했을 것이다. 난 거부하고 싶었다. 나보고 정신과에 가자니. 난 몸이 아프지, 정신병자가 아니었다. 내가 주변 사람들에게 피해를 주니 어쩔 수 없는 선택이었다고 얘기는 하지만, 난 받아들이기가 쉽지 않았다.

가족과도 헤어지고 온 나다. 자유를 위해서. 하지만 정신과에서는 나의 자유를 구속했다. 내 생각은 그랬다. 병원 측에서는 나의 건강 등을 고려하여 취한 행동들이지만 난 참을 수 없었다. 결국 난 퇴원을 감행했다.

갑자기 차단된 자유는 나에게 불안과 두려움을 주고 말았다. 다시 노숙생활을 시작해야 하지만 자유를 잃는 것보다 두렵지 않다.

"어르신! 주무셨어요? 괜히 깨운 것은 아닌가요? 저 기억하시죠? 경기남부노인보호전문기관에서 나온 사회복지사요. 어르신 잘 지내고 계시나 찾아왔어요. 그리고 오늘은 어르신 이야기 좀 듣고 싶어서요. 예전에도 아무 말씀 안하셔서 어르신 이야기가 궁금하거든요. 왜 집을 나오시게 된 거에요?"

내가 정신과에서 퇴원을 하고 다시 노숙 생활을 하고 있을 무렵 나를 찾아온 사회복지사였다. 그는 내게 병원 입원을 권유했다.

난 무조건 안 간다고 얘기했다. 갈 수가 없었다. 예전에 정신과에서 있었던 기억이 나의 발걸음을 막고 있었다. 비록 몸도 아프고 점점 갈 곳도 없어지는 처지였지만 병원만은 가고 싶지 않았다. 어떻게든 가지 않으려고 발버둥을 쳤다.

하지만 그는 내가 몸이 불편한 것도 그렇지만 주변 사람들도 불편하니 병원에 가자고 계속 권유했다. 하루가 안 되면 이틀, 이틀도 안 되면 일주일. 그 사회복지사는 나의 거절에도 불구하고 정말 끈질기게 찾아와 설득했다.

결국 난 나의 처지를 얘기하고 그 처지를 병원에서 조금 이해해주면 들어가기로 하고 합의점을 찾았다. 그리고 부탁을 하나 했다. 내가 병원에 들어가게 되면 딸들에게 꼭 연락해 달라고.

염치없고 무책임한 말이지만 보고 싶었다. 이제는 딸들의 얼굴도 기억 속에서조차 사라지려 한다. 나의 부탁에 사회복지사는 그러겠다고 약속했다.

내 마음은 말이야

오늘은 나의 이야기를 글로 쓴다고 하며 과거 이야기를 듣고 싶다고 했다. 난 기억나는 것이 많지 않았고 그다지 내세울 과거사도 없었기에 이야기하고 싶지 않지만, 그들의 눈빛은 정말 간절했고, 결국 난 이야기를 시작했다.

"난 아직도 후회해. 우리 아이들과 헤어진 그 날을. 이미 아내와는 이혼했고 난 내 방식대로 살고 싶었어. 아내와 이혼한 것도 결국 나의 이기적인 생각이었어. 그리고 아이들조차 걸림돌이 된다고 생각했지. 참 철없고 어리석은 생각이었어. 그 후 난 고삐 풀린 망아지마냥 여기저기 기웃거리며 흥청망청 시간을 보냈지. 몸은 음주와 흡연으로 점점 망가지고 갈 곳은 더더욱 없어지고. 그렇게 허송세월을 보내다 보니 어느덧 힘없고 몸 아픈 노인네의 모습이 된 내 자신이 있었어."

"후회할 가치조차 없는 내 지난 날이었지. 지금 생각해보면 왜 그랬는지 이해할 수가 없어. 분명 잘못된 생활을 하고 있는 거라고 생각도 했을 법한데……."

그 후로 난 그들의 질문에 대답만 할 뿐 내 과거사에 대해 더 이상 이야기 할 수 없었다. 자꾸 후회의 감정만 밀려오기 때문이었다.

사회복지사가 내게 물었다.

"그럼 몸이 건강해지면 제일 하고 싶은 것 있으세요?"

난 그들에게 대답했다.

"난 딸들을 보고 싶어. 한 번만이라도. 지난 날을 후회한다고 잘못했다고 이야기해 주고 싶어. 그리고 딸들에게 나처럼 살지 말고 가정 잘 지키며 행복하게 살라고 말해주고 싶어. 나처럼 늙어서 외롭지 않으려거든. 그나마 찾아와 주는 사회복지사들이 있어 외로움은 덜하지만, 그래도 딸이 정말 보고 싶어."

그 말을 끝으로 난 창문 밖을 바라보았다.

햇살은 따뜻한데 내 마음은 왜 이리 아프고 시린지. 딸들은 아직도 나를 원망하며 살고 있다고 생각하니 더 아프다.

사회복지사들이 딸들에게 연락을 했다고 얘기했다. 하지만 아직 답이 없는 것을 보니 나에 대한 마음을 풀지 않았나 보다.

그렇겠지, 시간이 흘러도 상처는 여전히 가슴 한구석에

흉터로 남아 있겠지. 새살은 돋지만 그 새살 속에는 그 때 남은 흉터가 고스란히 남아 있겠지.

요즘은 말하기도 힘들지만 기억도 가물가물하다. 딸들의 얼굴을 기억하지 못할까 두렵다. 아직까지 내 기억 속에 남아 있는 사랑하는 딸들의 얼굴을, 죽기 전까지는 절대 잊어버리지 않아야 할텐데. 죽는 것보다 그게 더 두렵다.

오늘도 사회복지사가 다녀갔다. 안부차 들렀다며,

"딸들 얼굴 기억하시죠?"라며 웃으며 이야기했다.

"네, 아직까진 기억해요."라며 화답했다.

오늘 따라 창밖의 햇살은 유난히 따스하게 느껴졌다. 어젯밤 꿈에 나타난 딸의 모습이 생생하게 기억나서였을까?

딸들에게 보내는 편지

이 아빠는 아직도 그 날을 후회한단다. 너희 둘과 그렇게 헤어지는 것이 아니었는데……. 왜 그렇게 생각이 짧았는지. 지금 돌이켜 보면 아무것도 아닌 것에 화를 내고 너희에게 못할 짓을 많이 한 것 같아 마음이 너무 아프다. 왜 사지 멀쩡할 땐 모르고 이제야 내 몸이 아프니 후회가 되는 걸까? 후회조차 하기엔 이 아빠가 자격이 없겠지?

그 날 그랬지. 아빠는 분명 후회할 거라고. 너희조차 알왔던 것을 난 왜 몰랐는지. 그저 안타깝고 미안할 뿐이로구나.

하지만 이제 많은 시간이 흘러 너희들도 많이 컸겠구나. 어려서 모습도 희미한데, 지금 너희들 얼굴을 보면 알아볼지나 모르겠다. 혹시라도 내 몸이 나아서 너희에게 가게 되면 조금이나마 이 아빠를 용서해 줄 수 있겠니?

보고 싶다. 지금 난 죽는 것보다 너희 얼굴이 기억 속에서 사라질까 더 두렵다. 혹시라도 내가 너희 얼굴을 잊어버리면, 너희가 나의 얼굴을 기억해줄 수 있겠니?

딸들아. 이제 더 이상 나 원망하지 말고 잘 살으렴. 인생은 한 번뿐이로구나. 이걸 이제야 깨달았지만, 그래도 지금이라도 너희들을 사랑하고 있다는 것을 알아서 다행이다.

사랑한다.

아빠가

난 18살이야

✳ 피해자 : 김자영 (가명, 여, 70세, 치매)

✳ 학대행위자 : 정준철 (가명, 배우자, 71세)

✳ 학대유형 : 방임

　어서 들어오라는 피해자의 말에 사회복지사들은 피해자의 집으로 들어갔다.

　피해자의 집은 피해자의 언니가 돌아가신 이후 시간이 멈춘 듯 했다. 오랫동안 청소를 하지 않아 바닥에는 먼지가 뿌옇게 쌓였다. 피해자는 아무렇지도 않은 듯 웃으며 사회복지사를 반갑게 맞이한다.

　"난 18살이야. 지금은 언니랑 함께 살아. 언니는 밖에 잠깐 나가서 지금은 혼자 있어……."

　혼자만 거꾸로 된 세상에 살고 있는 피해자의 말이 왠지 서글프게 느껴진다.

　하지만 오늘도 피해자의 해맑은 미소가 사회복지사들을 반긴다.

> 피해자는 현재 본 기관의 협력병원에 일시 보호되어 있으며 공공기관의 도움으로 요양원으로 입소할 예정이다.

난 18살이야.

여기는 참 좋아.
밥도 주고
잠도 재워주고.

하지만 난 곧 언니네 집에 갈 거야.
힘들어서 잠깐 쉬러 온 거야.

언니가 집에서 얼마나 심심하겠어.
그러니 조금만 쉬었다 갈 생각이야.

넌 어디서 왔니?

어르신 나이는 70이에요.

어르신이 계신 곳은
요양원이에요.

어르신의 언니는 돌아가셨어요.
언니네 집에 가도 언니는
계시지 않아요.

소녀처럼
환하게 웃는 모습을 뵈니
저희는 오히려 마음이 아파요.
어르신의 처지를 알고 있으니까요.

이제라도 어르신이 행복하게 웃을 수
있도록 우리가 자주 올게요.

저희 기억해주세요.

그리워 했기에
당신을 사랑합니다

✽ 피해자 : 김재순 (가명, 여, 86세, 치매, 현재 사망)
✽ 학대행위자 : 고진욱 (가명, 장남, 65세)
✽ 학대유형 : 유기

　"어머니는 또 다시 나(큰딸)의 집 대문 앞에 혼자 버려진 채로 그렇게 망부석이 되어 있었다."

　큰딸은 수급자로서 경제적 사정이 매우 열악하고, 수발 환경 또한 좋지 못한 상태로 다른 형제들과 함께 피해자 부양의 짐을 나누고자 하였다. 하지만 큰딸은 그렇게 또 어김없이 대문 앞에 버려지는 피해자를 대할 수밖에 없었다. 치매로 인하여 인지장애가 있었던 피해자는 2남 2녀의 자녀들에게 감당할 수 없는 버거운 짐이었던 것인가.

　어린 시절 자녀 양육에 불성실하고 가정과 살림을 등한시했던 피해자로 인하여 큰딸은 늘 모든 일을 혼자 짊어져야만 했다. 한 번의 결혼을 실패하고 혼자의 몸이 되어서도 큰딸은 이제껏 피해자를 부양해 왔다. 이제 피해자가 수급자가 되어서 경제적인 부담이 적어졌고, 그래서 시설에서 편히 모시게 되었는데……. 모두 고요하게 잠든 새벽녘에 청천병력과 같은 피해자의 죽음이라니.

큰딸은 그토록 힘겹게 피해자를 모셨지만 여전히 그리워 한다.

피해자가 수급자로 책정되어 경제적 부담이 적었기에 피해자를 시설에서 편히 모실 수 있었던 큰딸 그렇게 피해자를 여의고도 아직 피해자를 그리워하며 피해자와의 소소한 추억을 되새기며 하루하루를 보내고 있다.

사회복지사의 이야기

드문드문 들리는 차 소리가 시간을 알려주듯 난 깊은 잠에 빠져 있었다. 그날따라 유난히 잠이 오지 않더니 늦게서야 잠이 들었나보다.

갑자기 들려오는 휴대전화 소리에 얼른 잠에서 깼다. 노인학대 신고전화였다. 오늘이 당직이어서 휴대전화를 소지하고 있던 터라 얼른 정신을 추스르고 전화를 받았다.

"여보세요? 경기남부노인보호전문기관이죠? 여기 한국병원인데요. 박순자 어르신께서 새벽에 돌아가셨거든요."

난 난데없는 어르신의 사망 소식을 병원 측으로부터 듣고 어안이 벙벙했다. 이것을 어떻게 받아들여야 하나? 하지만 넋 놓고 있을 수는 없었다.

난 서둘러 전날 당직자에게 연락을 하고 부랴부랴 병원으로 향했다.

병원으로 가는 길에 난 문득 어르신의 장녀, 꽃분이 할머니의 얼굴이 떠올랐다. 평생 사랑 한 번 받지 못한 채 어르신을 보내야 하는 꽃분이 할머니. 지금 내가 어르신의 사망 소식을 전하면 얼마나 가슴이 찢어질까?

꽃분이 할머니는 불편한 환경 속에서도 어머니의 부양에 최선을 다했었다.

할머니는 한 쪽 팔과 다리가 불편했다. 그럼에도 불구하고 할머니는 우리 기관의 도움으로 어르신을 병원에 입원시키기 전까지 최선을 다해 모셨었다.

어르신은 2남 3녀의 자식 중에 유독 꽃분이 할머니만 미워했다고 한다. 꽃분이 할머니는 사랑 한 번 받아보지 못하고 자랐다고 했다. 사랑은커녕 아파도 아프다고 말할 수 없었고 몸도 마음도 많이 힘들었다고 했다.

어르신의 무관심으로 동생들도 꽃분이 할머니의 손으로 키우다시피 했고 살림살이도 도맡아 했다고 한다.

꽃분이 할머니는 호적상으로만 가족이지 실질적으로 집안일을 도맡아 하는 가사도우미였던 셈이다.

어려서부터 힘든 일을 하며 물질적으로도 경제적으로도 아무런 혜택을 받지 못한 채 오직 가족을 위해 희생을 강요당하며 살아야 했다.

그렇게 고생을 하며 자랐기에 할머니에게 가족은 어쩌면 짐짝처럼 느껴질 법도 하건만 그런 생각도 해본 적이 없다고 했다. 나이가 들어서도 마찬가지였다. 할머니는 희생의 대상이지 사랑의 대상이 아니었다.

지금도 보면 그렇지 않은가. 사랑을 받았던 동생들은 오히려 어르신이 치매에 걸리고 모시기 힘드니 오로지 할머니에게만 맡겨놓기만 할 뿐이다. 그렇다고 경제적으로 도움을 주기는커녕 피해만 줄 뿐이다. 할머니는 자신의 몸도 돌보지 못한 채 오직 어머니를 위해 희생할 뿐이었다.

나이가 들어서 이제는 조금이나마 편하게 살고 오히려 다른 사람들이 꽃분이 할머니를 모셔야 하건만, 아직도 동생들은 할머니에게 돈도 요구하고, 마음이 아픈 할머니에게 세상을 혼자 살아가라며 떠밀고 있었다.

"엄마가, 어떻게, 어떻게……."

난 병원에서 꽃분이 할머니에게 전화를 했다. 어르신이 돌아가셨으니 오셔서 장례절차를 밟아주십사 하고 말씀드렸다.

하지만, 할머니는 계속 울기만 했다. 난 슬슬 답답해지기 시작했다. 얼른 장례절차를 밟고 일이 순차적으로 진행되기를 바랐다. 어르신이 사망했으니 장례를 치르고 그에 따른 제반 행정일을 해야 했다.

내가 맡은 사례이기 때문에 내가 마무리를 해야 했다. 하지만 할머니는 계속 우실 뿐이었다. 어쩔 수 없었다. 결국 난 동료에게 푸념을 했다. 꽃분이 할머니가 계속 우셔서 대화도 안 되고 어떠한 이야기도 할 수 없어 일의 진행이 원활히 되지 않는다고.

하지만 동료는,

"엄마가 돌아가셨으니 우는 것 당연하지 않아요? 우리 좀더 기다려보죠."

순간 눈앞이 캄캄해지면서 큰 망치가 내 머리를 때린 듯 충격에서 헤어 나올 수 없었다. 어떻게 난 그런 감정을 이해

하지 못한 걸까?

난 늘 자녀들을 가해자로만 생각했지 또 다른 피해자일수도 있다는 생각을 미처 못 했다. 모든 자녀들이 다 가해자가 아닐 터인데 습관적으로 생긴 편견이 어느새 내 감정을 옭아매고 있었다. 난 이런 내 자신이 너무 부끄럽고 불쌍했다.

난 좀 전에 집을 나서면서 한 생각도 부끄럽기 시작했다.

'아! 하필이면 이 늦은 밤에. 잠든 지도 얼마 안 된 것 같은데. 장례절차 진행하려면 보호자에게 연락하고 장례식장도 알아봐야 하는데. 오늘은 조금 힘들겠다.'

할머니의 어머니가 돌아가셨다는 내용을 듣고 일이 힘들다고 생각할 수 있는 내 자신이 너무 부끄러워 몸 둘 바를 모르겠다.

매일 반복되는 일의 연속 상에서 난 어르신들의 감정보다는 내 일이 우선이었다는 생각이 들었다. 일이 진행되는 것이 우선이었지, 그 분들의 감정을 전혀 헤아리지 못한 채 난 묵묵히 일만 열심히 한다고 생각했던 것이다. 얼마나 냉정한가? 어머님이 돌아가셨다는데, 난 장례 절차만 밟자고 다그치고 있었으니 말이다. 메말라버린 감정이 상처 입은 할머니에게 또 다른 상처를 줄 수 있음을 난 간과하고 있었던 것이다.

그 후 난 일의 진행보다는 어르신들의 입장에서 감정을 헤아려 보려고 노력하고 있다. 물론 상담할 때도 마찬가지다. 내가 겪어보지 않았기에, '아, 그렇구나'가 아니라 '그럴 수 있겠구나' 하며 생각을 바꾸려 노력했다. 비록 생각대로 다 되지는 않겠지만 조금 더 현장에서 많이 실천하려고 애쓰고 있다.

어르신이 돌아가시고 난 이후 오랜만에 꽃분이 할머니 집을 찾아갔다. 안부도 물을 겸 얼굴도 뵙고 싶었다. 할머니는 반갑게 웃으며 우리를 맞아주셨다.

"어르신 잘 지내시죠? 어머님 돌아가시고 요즘 어떠세요? 동생들은 자주 찾아와요? 찾아와서 돈은 달라고 안하세요?"

오랜만에 할머니의 얼굴을 보니 물어볼 것이 참 많았다.

"왜 안 찾아와? 툭하면 찾아와서 달라고 하지. 심지어는 내가 집에 없으면 들어와서 집을 뒤지기도 하나봐. 예전에 내가 결혼하려고 했던 남자에게 우리 엄마가 땅을 다 팔아 돈을 꾸어 준 적이 있었거든. 그걸 그 사람이 다 날렸지. 그때 이후로 동생들의 화살은 다 나한테 돌아왔지. 마치 우리 집이 이렇게 된 것은 나 때문이라고 말이야. 내가 지들 먹이고 키운 것은 기억을 하나도 못하나봐. 화도 나고 섭섭하긴 하지만 그래도 동생들이라 참고 있는 거지."

할머니는 아직도 달라진 것이 없다며 나에게 이야기하셨다. 난 화가 나서 할머니에게 흥분하며 이야기했다.

"그게 왜 어르신 책임이에요? 어머님께서 그렇게 한 것이

지. 어르신도 그 때 그 일 모르셨다면서요? 동생들도 알고 있을 것 아니에요? 괜히 어르신이 잘해주시니까 더 그러는 거예요. 이제 찾아와도 돈 주지 마세요. 어르신께서 자꾸 주니까 찾아오는 거잖아요. 어르신이 돈을 버는 것도 아닌데, 왜 자꾸 찾아와서 돈을 요구하는 거예요. 자기들이 뭐 도와준 게 있다고. 어르신 어머님 살아 계실 적에도 서로 안 모시겠다고 떠밀고. 결국 어르신 집에다 모셔다 놓고 도망가고. 진짜 못됐어요."

할머니는 웃으며 얘기했다.

"난 그렇게 못해. 동생들이 찾아왔는데 어떻게 그래? 있는 것 하나라도 챙겨주고. 먹을 것이 있으면 먹여 보내야지. 난 말이야. 여태껏 주고만 살았어. 받아 본 적이 없거든. 그래서 받는 걸 못해. 어떻게든 주려고만 하지. 참 핑계 같지만 그게 사실이거든. 내가 가진 것이 적다고 해도 최대한 주려고 하지. 그렇게 살아왔고 그게 내 숙명이라고 생각이 드나봐. 아니 습관이 들어서 그럴지도 모르지."

그 이야기를 듣고 난 할머니에게 이야기했다.

"그래도, 이젠 어르신도 어르신 인생 편하게 살아야죠. 저는 솔직히 어르신이 연애라도 하셨으면 좋겠어요. 여태 어르신만 사랑해주는 사람 없었잖아요. 지금이라도 그런 사람 만나서 행복하셨으면 좋겠어요."

할머니는 질겁을 하시며 대답하셨다.

"무슨 말도 안 되는 소리를 하고 그래. 내 나이에 무슨. 난 지금처럼 큰 걱정 안하고 편안히 살다가 죽었으면 좋겠어. 동생들도 화목하게 지냈으면 좋겠고. 더 이상 싸울 일도 없었으면 좋겠고. 동생들이 가끔 찾아와서 밥도 먹고, 이런저런 이야기도 하며 살았으면 좋겠어."

난 할머니의 바람이 이루어지기를 바랐다. 그리고 이야기했다.

"그래요. 어르신은 충분히 그럴 수 있을 거에요. 언제든 말동무가 필요하시면 전화하세요. 뛰어서라도 올게요."

우리는 할머니에게 인사를 하고 집을 나섰다. 집을 나서려는 순간, 할머니는 냉장고를 뒤지더니 음료수 두 개를 끝까지 손에 쥐어줬다. 한사코 거절을 했음에도 우리 집에 왔으면 뭐라도 먹고 가야 한다며 두 손에 꼭 쥐어주셨다.

우리의 손에 음료수를 쥐어주시더니 환하게 웃으시는 모습이 정말 귀엽게 느껴졌다. 할머니는 어쩌면 동생들에게 내려주신 하느님의 천사가 아닐까? 하는 생각도 해본다.

'안녕히 계세요, 꽃분이 할머니. 제 마음 속에서 말라버린 감정을 다시 샘솟게 해주셔서 고맙습니다. 앞으로 건강하시고 꼭 연애하세요. 할머니도 이제 사랑 받고 사셔야 해요.'

엄마에게

엄마, 나 더 이상 힘들어하지 않을래요. 웃으며 살 날도 모자란데, 울며 살 수는 없잖아요. 이제는 웃으며 살고 싶어요. 여기서 못 해준 사랑, 하늘에서라도 지켜봐 주세요. 동생들 끝까지 보살피다 엄마 곁으로 갈게요. 그때는 저 사랑해주실 거죠?

더 이상 저 외면하면 엄마 딸 진짜 안 할 거예요.

그러니 잘 지켜보시다가 저 만나면

'그래, 우리 큰 딸 잘했다.'

이렇게 얘기 해주실 거죠?

그럼 거기서 다시 만나요.

큰 딸

내 나무

✳ 피해자 : 박길남 (가명, 여, 74세)
✳ 학대행위자 : 김옥숙 (가명, 여성 동거인, 56세)
✳ 학대유형 : 신체적 학대

　술을 마신 채 지구대 의자에 앉아서 비틀비틀 노래를 흥얼대며 사회복지사를 기다리던 피해자와의 만남. 피해자는 함께 지내던 동거인에 의해 집에서 쫓겨났고 갈 곳이 없었다. 그리고 사회복지사는 그곳에서 피해자를 모시고 즉시 일시보호를 진행하였다.

　피해자에게는 오래 전부터 함께 지내던 딸과도 같은, 하지만 아무 관계없는, 남들이 흔히 말하는 동거인이 있었다. 어린 시절 고아로 자라며 술과 마약, 성매매 등에 노출되어 불행했던 과거를 가진 피해자의 곁을 마지막까지 지키고 있는 사랑과 의지의 대상이다.

　하지만 동거인에게 피해자는 어머니와 같은 존재이면서 한편으로는 술을 마시면 그 뒷일을 감당해야 하는 짐과 같은 존재이기도 하였다. 피해자를 부양해야 하는 그 고됨과 고충은 누구도 함께 나눌 수 없는 것이었으리라.

그리고 한동안 기관에서 보호되던 피해자는 사회복지사의 조정 상담을 통해 학대행위자와 화해함으로써 멋진 결말을 맞이할 수 있었다.

지금 피해자는 꿈꾸고 있다. 비록 술을 마시며 하루하루를 견디는 것이 현재 자신의 모습이지만 언젠가 먼 미래에 자신의 희생을 통하여 필요한 사람들에게 새로운 생명을 불어 넣는 창(窓)이 될 것임을.

> 피해자는 일시보호를 마친 후 동거인과 함께 살던 집으로 돌아갔으며, 앞으로 장기적인 부양책 마련을 위하여 시설 입소를 신청하고 결과를 기다리고 있다.

내 나무

뿌리도 없이 커버려
속이 텅텅 비어버렸고
가지도, 열매도 없이
조금씩 죽어가고 있었어.

누군가 나를 베어
장작을 만들어 주었으면,
가구라도 만들어 주었으면,
하고 힘껏 버텼어.

다른 나무들이 다 떠나고
나 혼자 버틸 힘조차 잃고 있을 때
찾아온 따스한 바람.

난 바람에 몸을 맡긴 채
조금씩 몸을 뉘였어.

그리고,
난 다시 땅 속으로 들어가

다른 나무의 밑거름이 되어가고 있었어.

나에겐 뿌리가 없지만, 다른 이는
뿌리가 튼튼했으면…….

긍정적 삶이 준 새로운 인생

✽ 피해자 : 김배호 (가명, 여, 74세)
✽ 학대행위자 : 조현배 (가명, 장남, 53세)
✽ 학대유형 : 신체적 학대, 정서적 학대

피해자의 문패가 달린 대문 앞에 도착하여 그 이름을 불러보았을 때 마치 바로 문 앞에서 기다린 듯 피해자는 사회복지사를 맞이하기 위한 발걸음을 재촉하셨다.

"그 날, 처음이자 마지막으로 나를 때리고는 그렇게 나갔지······."

이 이야기를 시작으로 그동안의 힘겨운 사연을 하나, 둘 이어가기 시작하는 피해자가 세 칸의 방이 있는 제법 큰 집의 거실에 덩그러니 앉아 있는 모습을 보노라니 쓸쓸함이 더해갔다.

피해자는 아들에게 해가 가는 일은 절대 바라지 않는다며 자신은 그저 위급상황에 대처할 수 있는 응급전화기 한 대만 설치해주면 만족할 수 있다고 소박한 바람을 표하였다.

상담이 마무리 되어갈 즈음 피해자는 자신이 며칠 전 아들에게 맞아서 입 주변에서 흐른 피를 닦은 수건을 내보이며 힘들었던 그 마음을 묵묵히 보여주었다.

하지만 그 피 묻은 수건은 아들을 향한 응징이라 하기에
는 수건을 내민 피해자의 손은 너무나 나약했다.

피해자의 바람대로 본 기관에서는 독거노인응급안전돌보미지역
센터 연계를 통하여 응급전화기를 설치하였고, 그 날 이후 소식
없는 아들이 어딘가에서 잘 지내리라 믿으며 현재는 공공근로
활동을 하는 등 활력 넘치는 생활을 하고 있다.

생활비가 떨어졌다. 아이들 학비 낼 돈도, 반찬을 살 돈도 없을 정도로 생활비가 이젠 아예 없다. 아이들에게 미안한 마음에 남편에게 먹을 것을 좀 사려고 하니 생활비를 달라고 했다.

하지만 남편은 뜬금없이 공장에서 나온 물건을 직접 팔아서 생활비를 마련하라고 하며 공장에서 만든 물건을 주었다. 남편은 공장을 직접 운영하여 물건을 만들고 그 물건을 판매하며 돈을 벌었다.

요즘 벌이가 시원치 않아 남편은 괴로워하며 술을 자주 마셨다. 평소에도 과묵한데다가 술만 마시면 욕설을 하며 나를 괴롭혔었는데, 요즘 들어 가세가 조금씩 기울며 더욱 심해지는 터였다.

아무리 그래도 생활비가 떨어졌는데 어떻게 무책임한 말을 할 수 있는지 도무지 이해할 수가 없었다.

난 화가 나서 이야기했다.

"아니, 당신이 벌어놓은 돈 있을 것 아니에요? 그건 어쩌고 나보고 직접 물건을 팔아서 생활비로 쓰라니요? 이게 말이 되요?"

하지만 남편의 대답에 할 말을 잃었다.

"당신도 한 번 팔아봐. 돈 벌기가 얼마나 힘든지. 남편이 장사를 하니 당신도 한 번 해봐야 할 것 아니야."

분명, 남편은 억지를 부리고 있었다. 기가 막히지만 어쩔

도리가 없었다. 당장 아이들 학비와 먹을거리를 장만해야 했다. 결국 난 시장으로 나갈 수밖에 없었다.

충청도 출신에다가 장사 한 번 한 적 없고 오로지 집에서 애들만 키우던 내가 물건을 팔기가 쉽지 않았다.

난 아이들을 생각하며 눈물을 삼킨 채 힘겹게 물건을 팔기 시작했다. 힘들기는 했지만, 한 번 팔아보니 두 번째부터는 조금이나마 용기가 생겼다. 결국 그 날 난 물건을 다 팔아 생활비를 마련했다.

그 날 이후 난 남편에게 조금 당당해질 수 있었다. 힘겹게 팔았지만, 어쨌든 남편의 시선이 조금은 달라진 듯했다.

며칠이 지나고 우리는 저녁을 먹고 상을 물렸다. 남편은 친구들과 약속이 있다며 옷을 챙겨 입고 집을 나섰다.

그리고 몇 시간이 지나고 전화가 걸려왔다. 병원이라고 했다. 덜컥 겁이 났다. 병원에서는 남편이 119에 실려 왔으나 사망했고, 사망 원인은 뇌혈관이 막혔다고 했다. 그러니 와서 확인하라고 걸려온 전화였다. 병원이라니, 술 마신다고 나갔는데, 왜 병원에서 죽어 있단 말인가.

급하게 찾아간 병원에 남편은 싸늘한 시신이 되어 누워 있었다. 하얀 천을 걷어내자 남편의 얼굴이 드러났다. 남편이 맞다. 인사할 겨를도 없이 갑자기 남편은 세상을 떠나버렸다. 아무런 준비도 되어 있지 않은 우리 곁을.

눈앞이 캄캄했다. 혼자 6명이나 되는 아이들을 어떻게 키우라는 것인지. 하늘도 원망스럽고 이렇게 우리만 놔두고 간 남편도 원망스럽다. 하지만 언제까지 이렇게 넋 놓고 있을 수만은 없었다. 큰 놈이 이제 고등학생이니, 아직까지 내가 아이들에게 해줘야 할 것이 더 많은 시기였다.

난 동네를 떠날 결심을 했다. 여기서는 더 이상 살기가 힘들었다. 하지만 세상은 나에게 많은 여유를 주지 않았다. 아이들 또한 점점 나와 함께 있을 시간도 줄어들었고, 난 조금씩 지쳐갔지만 힘껏 버텨냈다. 나쁘게 마음을 먹는다고 해도 전혀 달라질 것이 없었기 때문이다.

그 후, 난 닥치는 대로 일을 했다. 새벽 별을 보고 나가 한밤의 별을 보며 집으로 들어오며 일을 했다. 내가 특별히 배운 기술도 없었고 오로지 물건을 파는 것 밖에 없었다.

가끔은 먼저 간 남편에게 고맙기도 했다.

'죽기 며칠 전에 나에게 물건을 팔아 생활비로 쓰라고 등을 떠밀었을 때 그 사람은 이런 일을 예감했던 것일까? 장사한 번 못해 본 내가 아이들과 살려면 경험 한 번 해보라고.'

어쩌면 내가 만들어 낸 이야기일 수도 있다. 하지만 난 죽기 며칠 전의 남편의 행동 덕분에 장사라도 해보겠다는 마음을 먹을 수 있었다. 평생 미워했지만, 그것만은 참 고맙게 생각했다.

힘들게 일을 해서 아이들을 키웠다. 몸은 힘들었지만 아이들을 생각하며 참고 또 참았다. 다행히 아이들이 크게 모

나지 않게 자라서 제법 대견했다. 그 사이 집도 마련했고 사정도 조금 나아져 자식들 시집, 장가도 보냈다. 그렇게 난 이제 노후를 좀 편히 보내는가 했다.

난 노인학대 보호기관에 전화를 했다.

"감사합니다. 경기남부노인보호전문기관입니다."

전화를 받는 사회복지사에게 난 이야기했다.

"안녕하세요? 거기 노인들 도와주시는 분들 계시는 곳 맞죠? 제가 아들 놈한테 괴롭힘을 당하고 있거든요. 돈도 달라고 하고 수시로 찾아와서 행패를 부려요. 저번엔 때리기도 했고요."

큰 아들 놈은 해병대 입대를 했다. 이후 아버지가 돌아가시고 난 후 큰 아들 놈이 의가사 제대가 가능하다고 주변 이웃들이 알려줘서 제대를 시켰다.

제대 후 큰 아들은 변변히 직장 취업도 하지 못한 채 백수 생활을 하며 동생들을 무던히도 괴롭혔다.

엄하고 난폭한 아버지 밑에서 가장 많이 힘들었던 아들 놈은 그 분노를 동생들에게 풀고 있었다. 첨에는 그러려니 했다. 하지만 시간이 지날수록 도가 지나치고 있었다.

나는 속도 상했지만 그런 아들 놈을 보고 있노라니 복장이 터졌다. 아무리 힘들어도 이렇게 지 어미도 버티고 사는데 지는 놀고 먹으며 동생들이나 괴롭히고 살다니.

그 후 아들은 오랜 시간 동안 백수 생활을 하다 미장일을 배우고 공사판을 돌아다니며 일을 하다가 지금의 며느리와 결혼해 살고 있다.

속을 썩이기는 했지만, 결혼하면 평탄하게 살아갈 줄 알았다. 워낙 늦게 결혼도 했지만, 배운 기술이 그것 뿐이어서 다른 일을 시작하기에는 나이도 많았다. 아들은 일을 하다가 다치고 나서 수입이 일정하지 못하니 나에게 손을 벌리기 시작했다.

난 조금씩 도와줬다. 조금씩 도와주다 보니 아들이 요구하는 것이 점점 많아지기 시작했다. 이젠 내가 살고 있는 집까지 요구하고 있다.

지금 내가 살고 있는 집은 내 명의로 되어 있다. 하지만 아들 놈의 도움은 받지 않고 나의 힘과 딸들의 조그마한 도움으로만 장만한 집이다.

하지만 큰 아들 놈은 장남이라는 이유로 이 집을 자기 명의로 바꿔 달라고 요구하기도 하고 집을 팔아 자신에게 돈을 달라고 요구했다.

난 그러고 싶지 않았다. 어떻게 일궈놓은 집인데, 절대 그럴 수 없다고 버티면 욕을 하고 심지어는 물건도 집어던지며 때리기도 한다. 난 도저히 참을 수 없었다.

내 사정을 아는 주변 이웃이 노인학대 보호기관 전화번호를 알려주며 전화해 보라고 했다. 도움을 받을 수 있다며.

난 결국 전화를 할 수밖에 없었다. 난 이제 힘 없는 늙은 이였고, 아들과의 일을 어떻게든 마무리하고 싶었다.

"어르신, 여기 경기남부노인보호전문기관인데요. 어르신께서 신청하신 응급전화기 설치 때문에 전화드렸어요. 어르신의 사정을 듣고 바로 설치해 드리려고요. 조만간에 기사가 내방할 거에요."

경기남부노인보호전문기관에서 걸려온 전화였다. 저번에 신청한 응급전화기가 설치된다고 했다. 아들 놈이 언제 쳐들어 올지 불안한 마음을 갖고 있는 내게 기관에서 제안한 부분이었다.

처음 내가 신고하고 기관에서 사회복지사들이 집을 찾아왔다. 우리는 많은 이야기를 나눴다. 사회복지사들은 나의 이야기를 듣고 아들의 학대를 인정하며 집을 절대로 내주지 말 것을 권유했다. 그 이야기로도 난 많은 힘이 되었다.

그들은 언제든지 도움이 필요하면 전화를 하라고 했다. 낮이든, 밤이든. 내게는 도와줄 사람들이 주변에 없었다. 나의 지지자들인 딸들은 멀리 떨어져 살고 있어서 아들 놈이 갑자기 찾아오면 도와줄 수가 없었다.

기관에서는 낮이든 밤이든 언제든지 도와줄 수 있으니 연락하라고 했다. 난 마음의 위안을 얻으며 지금은 잘 지내고 있다.

"어르신 잘 지내시죠? 아들은 아직도 자주 찾아와요?"

기관에서 걸려온 전화였다. 응급전화기가 설치 된 이후에 안부차 걸었다고 했다.

"아들이 찾아오지 않은 건 다행이네요. 혹시 응급전화기 사용법을 잊어버리실까봐요. 다시 설명 드리려고요."

사회복지사는 나에게 설명을 해주며 다시 연락하겠다고 하며 전화를 끊었다.

비록 집에 사회복지사의 도움으로 응급전화기를 설치했지만, 혹시나 하는 마음일 뿐이다. 난 이 응급전화기를 사용하고 싶지 않다. 이것을 사용한다면 아들과의 관계가 나쁘다는 것을 증명하는 셈이니까.

아들과 난 현재 예전에 먹고 살기 힘들 때 나누지 못했던 대화를 나누고 있는 것이라고 생각하고 싶다. 다만, 그 방법을 몰라서, 안 해봐서 이렇게 아프고 힘든 거라고. 그렇게 생각하고 싶다.

언젠가는 이 응급전화기가 내 곁에서 사라지고 아들과 함께 웃으며 일반전화기로 통화할 날이 왔으면 좋겠다.

그 날은 우리 집 명패에 아들과 나의 이름이 함께 올라와 있으리라.

난 아버지라 불릴 자격이 없는
초라한 사람입니다

✻ 피해자 : 정우식 (가명, 남, 77세, 알콜중독)

✻ 학대행위자 : 정대현 (가명, 아들, 40대 후반)

✻ 학대유형 : 방임

철거지역의 가운데 차가운 컨테이너 박스 안 사람이 살지 않을 것 같은 곳에 피해자가 있었다.

일상생활은커녕 살고자하는 의지도 없어 보였고 의미없이 그저 죽지 못해 살고 있다고 피해자가 나에게 말하는 것 같았다.

떠돌이 생활을 하며 한 가정에 충실하지 못하고 여러 번의 동거를 거치면서 여러 명의 아내와 여러 명의 자녀를 두었지만 지금 약해질 대로 약해진 피해자의 주변에는 그 어떤 사람도 남아 있지 않다.

늦었지만 이제 나를 위해서가 아닌 가족이라는 울타리 안으로 들어가고자 한다. 하지만 굳게 닫힌 울타리는 쉽사리 어르신 앞에 열리려고 하지 않았다. 피해자는 그저 후회하고 울며 그 울타리 앞을 지키며 멍하니 서 있을 뿐…….

사례 진행 중 지역 내 자원과 연계하여 집 청소 및 거주지 이전 보류 등 조치가 진행되었고, 알콜로 인한 일상생활의 문제는 본 기관과 함께 단주를 통하여 개선하려는 노력을 하고 있다. 또한 사례진행 중 막내아들과 조금이나마 관계가 개선되어 현재는 정기적으로 막내아들이 방문하고 안부를 확인하는 관계가 되었다.

"난 아버지다. 세 아이의 아버지다.

그리고 아들들에겐 죄인이다.

언젠가부터 아들들이 한 번쯤 와주리라 간절히 기다렸다.

기다림은 반드시 보상 받을 수는 없지만,

난 기다리고 또 기다렸다.

기다리는 것이 나에겐 최선이었다.

그것 이외에 할 수 있는 것이 없었다.

나는 아버지라 불릴 자격조차 없는

죄인이기 때문이다."

나를 슬픈 얼굴로 바라보는 사람이 있었다. 나도 같이 슬픈 얼굴이 되어 버렸다. 눈물이 자꾸만 흘러내렸다. 그 모습을 보이기 싫었지만 자꾸 흘러내리는 눈물은 멈추지 않았다.

"아버지, 왜 이러고 계세요? 사는 곳은 또 이게 뭐에요? 그렇게 나가시더니 기껏 이렇게 사시려고……."

나의 간절함이 하늘에 닿았던 것일까? 아니면 아들이 나에게 나의 잘못됨을 확인하기 위해서였을까?

막내아들 녀석이 찾아왔다. 어떻게 알고 왔는지 고마울 따름이다.

막내아들은 저번에 방문했던 경기남부노인보호전문기관의 연락을 받고 찾아왔다고 했다. 잊어버리고 살았던 아버

지의 소식을 다른 사람의 입을 통해서 들었을 때는 충격이 컸다고 얘기했다.

"그래, 내가 사는 게 좀 그렇지? 그래도 어느 정도 만족해. 몸은 비록 이 모양이지만 그렇게 힘들게 살고 있지는 않아. 너는 그동안 잘 지냈니? 오랜 세월 동안 함께 하지 못해 미안하구나."

난 막내에게 미안함뿐이었다. 분명 다른 아들들에게도 연락이 갔을 터인데 막내만 찾아온 것을 보면 그나마 나를 아버지라 인정해 준 것이리라.

그런 막내에게 이런 행색을 보여주고 있노라니 쥐구멍에라도 숨고 싶은 마음뿐이다. 막내는 내가 컨테이너에 기거하고 있고 먹는 것도 부실하게 먹는다는 이야기를 들었다며 라면 등 먹을 것을 사왔다.

고맙고 미안한 마음이 들었지만, 난 막내의 마음을 선뜻 받을 용기가 나지 않았다. 받을 자격이 있을까라는 생각이 맴돌 뿐이었다.

그리고…….

"보고 싶었다."

난 첫 번째 부인 사이에서 큰 아들을 낳았다. 그리고 난 집을 나왔다. 그때 당시 나는 전기 공사 일을 하고 있었다.

여기저기 전국을 돌아다니며 일을 했다. 내가 보살펴야 할 사람이 있다는 사실은 이미 까맣게 잊고 있었다.

그리고 두 번째 부인과 재혼해서 두 아들을 낳았다. 처음에도 그랬지만, 재혼해서도 마찬가지로 오래 살지 않았다. 나의 방랑벽은 누구도 제어할 수 없었다. 심지어 나의 이성조차도 거부할 정도였으니. 난 또 집을 나왔다.

나에게 세 명의 아들이 있다는 사실은 내 머리 속에서 조금씩 지워져가고 있었다.

"아들들은 그렇게 나의 존재를 알지 못한 채 어린 시절을 보냈을 거야. 나는 그동안 여기 저기 돌아다니며 나의 헛된 배만 채우고 다녔지. 나중에 후회 할 일은 알지도 못한 채.

'아버지, 아버지'

내 마음 저 깊은 곳에선 아들들이 끊임없이 부르고 있었는데도."

세월이 흘러 난 가진 것 하나 없고 몸만 아픈 늙은이가 되어 있었다. 지나고 보니 남은 것이 하나도 없었다. 편하게 누울 따뜻한 집도, 밥을 같이 먹어줄 가족조차 나에게 없었다.

내가 뿌린 씨앗이었다. 잘못된 씨를 뿌렸으니 열매가 이 모양이려니 하고 받아들이기에는 후회도 되고 슬프기만 하다.

결국 난 그동안 타고 다니던 폐차 같은 트럭 한 대와 공사 현장 옆 컨테이너에서 기거를 시작했다. 폐지를 줍고 사회단체에서 지급하는 음식을 지원 받으며 하루하루 힘겹게 살아가는 처지가 된 것이다. 폐차도 팔아 지금 살고 있는 땅 임대료도 냈다. 하지만 그것도 일년치 뿐이었다.

아들 녀석들이 보고 싶다고 생각이 난 것은 그 때쯤일 것이다. 내 처지가 이렇게 되고 나니 생각이 나는 것일까?

공사가 한창 시작되는 시끄러운 아침, 누군가 컨테이너로 찾아왔다. 그들은 경기남부노인보호전문기관에서 나온 사회복지사라고 소개했다. 난 왜 여기까지 찾아왔는지 궁금해 했다.

내 이야기를 동네 누군가가 했다고 한다. 공사현장 바로 옆이고 컨테이너에서 기거하고 있는 사람이라고. 술도 자주 사가고 힘없는 노인네니 어디 버려진 사람이라 생각했다며 전화를 해서 찾아왔다고 했다.

난 버려진 사람이 아니라고 했다. 오히려 내가 가족들을 버리고 살고 있다고 했다. 그래서 후회한다고. 그들은 나와 한참을 이야기했다.

"난 아들들을 만나고 싶어. 내가 죄인이라는 것을 알아. 아들을 만날 자격조차 주어질 수 없을 만큼 큰 죄를 지었다는 것을."

나는 사회복지사들한테 나의 사연을 이야기하며 아들들을 보고 싶다고 했다.

"내가 비록 경제적 능력은 없지만, 그럴 능력이 된다면 아들들과 함께 살고 싶어. 지금 내가 제일 힘든 것은 못 먹고 추위에 떠는 것이 아냐. 아들들과 함께 할 수 없다는 거야."

그리고 며칠 후……

"아버지."

난 순간 잘 못 들었나 생각했다. 나를 찾아오는 아들이 있을 것이라는 생각을 한 번도 해본 적은 없었다.

간절히 기다리고 있었지만, 이렇게 갑자기 찾아오니 어떻게 할 수가 없었다. 난 얼굴을 봤지만, 첫 째인지, 둘 째인지, 셋 째인지 알 수 없었다. 아주 어렸을 때 보고 본 적이 없으니 말이다.

순간, 난 얼음이 되었다. 그리고 물었다.

"막내니? 아님 둘째니?'

막내아들은 나의 물음에,

"막내예요. 기관 전화 받고 왔어요. 여기 아버지 사신다고요. 이게 뭐예요? 왜 이렇게 궁색하게 사세요?"

그렇게 막내아들은 나와 많은 이야기를 나누고 자신의 집으로 돌아갔다. 난 막내아들이 돌아간 뒤 경기남부노인보호전문기관에 전화를 했다.

"우리 아들이 찾아왔어요. 비록 막내만 왔지만 행복했어요. 이제 첫째와 둘째도 언젠가는 볼 수 있겠지요? 고맙습니다."

난 연신 고마워했다.

나를 찾아온 아들, 그리고 그 아들을 나에게 데려다준 기관. 어쩌면 죽어서도 영영 만나지 못할 수도 있었다. 알아도 찾아오지 않을 수도 있었다.

그래도 나를 찾아온 막내아들. 어쩌면 작은 희망의 씨앗이 열매를 맺어 훗날 아들들과 함께 살 수 있는 기적이 일어나기를 빌어본다.

나는 자식들을 버리고 자식들은 날 원망하지만 난 그들이 나를 도와주지 않는 데에 대해 전혀 원망하지 않는다. 가끔 술로 외로움을 달래보기만 할 뿐이다.

내가 자식들을 버렸을 때 아들들은 나를 원망이나 하기나 했을까? 기억 속에 아버지의 존재가 없는데 원망조차 하지 못했겠지.

하지만 나는 아들들이 나에 대한 미움이라도 좋으니 나를 아버지라 생각하며 살았으면 좋겠다는 바람을 가져 본다.

난 그들의 아버지이고 그들은 나의 아들이다. 이것은 변하지 않는다.

이제는 날고 싶어요

✴ 피해자 : 이정자 (가명, 여, 76세)
✴ 학대행위자 : 최태수 (가명, 장남, 54세)
✴ 학대유형 : 신체적 학대, 정서적 학대

　피해자를 만나기 위해 소속 구청의 공공근로 참여자 휴게소의 유리문을 열었을 때, 마치 내 집에서 휴식을 취하며 집을 지키듯이, 그렇지만 마음 놓고 안정할 수 없는 불안정한 표정으로 피해자는 사회복지사를 응시하였다.
　"안녕하세요."
　사회복지사의 이 인사가 과연 피해자의 마음속에 와 닿을 수 있는 인사인 것일까.
　피해자는 장남의 폭언과 폭행, 그리고 전화 통화까지도 통제받는 집에서의 생활이 더 이상 견디기 어려웠다. 그래서 아무도 없는 빈 휴게실이 몸을 맡겨 쉬기에는 더 편안한 곳이었을 것이다.
　노인학대를 받는 보통의 노인들처럼 피해자도 자신의 아들에게 해가 가는 것은 원하지 않았다. 더욱이 사회복지사들을 만나서 상담을 하는 것도 염려되어 허락할 수 없었다.

학대피해노인 역량강화 프로그램에 참여하게 한 마지막 제안이 피해자에게 새로운 희망의 창이 되었다. 아들에게 작은 기대 혹은 작은 해도 미치지 않도록 자신이 꿈꾸며 날아갈 수 있는 그 문을 혼자서 묵묵히 열었다.

피해자는 학대피해노인 역량강화 프로그램(인생 2막)에 참여하던 중간에 자신의 희망대로 아들과의 거주지를 분리하였고, 이후 아들에게 변화가 생기기를 기대하며, 자신만의 공간에서 활기차게 생활하고 있다.

봄비가 추적추적 내리던 오후, 난 일을 마치고 집으로 가고 있었다. 구청에서 공공근로를 하고 있는 나는 이렇게라도 조금씩 일을 하지 않으면 좀이 쑤셔 견딜 수가 없다. 그보다 내가 일을 꼭 해야 하는 이유는 우리 집에 돈을 버는 사람이 나밖에 없다는 것이다.

'비가 온다는 예보가 있었나? 우산도 가져오지 않았는데……'

쓸데없는 잡생각을 하다 보니 어느새 집에 도착했다. 현관 손잡이를 잡으려는 내 손은 주저하고 있었다. 내게 집은 편히 쉴 곳이 되어주지 못한다. 내 집은 회피하고 싶은 장소였다.

하지만 여기 아니면 갈 곳이 없기 때문에 주저하는 손으로 문을 열며 집에 들어갔다.

그날도 아들은 술을 마시고 있었다. 매일 마시는 술이 지겨울 법한데 아들은 술과 무슨 원수를 졌는지 매일같이 술이었다. 술을 마시면 으레 폭언과 폭행이 이루어졌기에 난 아들을 피하기 위해 서둘러 조용히 방으로 들어갔다.

조용히 넘어가나 싶더니 나를 본 아들은 소리지르며 이야기했다.

"왔으면 왔다고 얘길 해야 할 거 아냐? 왜 조용히 방에 들어가는데? 나 배고프니까 밥 차려. 얼른!"

난 아들의 말을 그대로 따를 수밖에 없었다. 하지 않으면

때리기까지 하니. 그렇게 차린 밥을 먹고 아들은 방에 들어가더니 잠이 들었는지 한동안 조용했다. 난 집을 나섰다. 좀 있다 일어나면 언제 날 때릴지 모를 터였다.

'내 자식은 원래 이런 놈이 아니었는데, 어쩌다가 이렇게 변했을까?'

한참을 생각하며 난 집 주위를 배회했다. 들어가기가 두려웠다. 그렇게 시간을 보내던 중 누군가 나에게 다가왔다.

"안녕하세요? 어르신. 여기서 뭐하세요? 저희는 경기남부 노인보호전문기관에서 나온 사회복지사예요. 어르신께서 늦은 시간까지 밖에 계속 나와 계시고 집에도 들어가시지 않는다는 전화를 받고 이렇게 찾아뵀어요."

그들은 내게 사회복지사라고 소개했다. 난 궁금했다. 내가 생전 누군가에게 아들과의 일을 이야기한 적이 없다. 딸네들 집을 오가며 딸들에게 이야기한 적은 있어도, 동네 사람들에게는 이야기한 적이 없는데. 하기는 그렇게 시끄러웠는데 이웃에서 모를 리가 없겠지. 다들 쉬쉬하며 지내다가 참다 못해 신고했을 터였다.

"왜 집에 들어가지 않으세요? 집에서 누가 어르신 괴롭히세요?"

사회복지사는 내게 집에 들어가지 않는 이유에 대해서 물어왔다. 나는 차마 말을 할 수가 없었다. 어떻게 아들이 때리고 욕한다는 얘기를 할 수가 있겠는가.

"저희는 어르신 도와드리려고 왔거든요. 이야기하기 힘드시면 하지 않으셔도 돼요. 저녁은 드셨어요? 안 드셨으면 저희랑 같이 드실래요?"

사실 난 배가 고팠다. 아까 저녁 준비만 하고 왔지, 밥을 먹지 않았으니까. 그래서 그들의 제안을 뿌리치기가 쉽지 않았다. 우리는 식당으로 자리를 옮겼다.

"어르신, 요즘 힘드신 거 있으세요?"

그들은 나에게 또다시 질문을 했다. 나는 고민하다가 이야기를 했다.

"우리 아들이 변했어. 아마 지 아버지가 돌아가시고 난 후였을 거야. 지 아버지는 상이군인이었거든. 평생 놀고 먹고 돈도 한 푼 안 벌어오고, 자식들 괴롭히는 나쁜 아버지였어. 나는 어떻게든 자식들 하나라도 가르치고 좋은 직장 구해주고 싶어서 일 안 해본 게 없었지. 살림에 보탬이 될까 해서 지 아버지 국가유공자 만들어보려고 많은 곳을 뛰어다니며 이야기했지. 결국 국가유공자 만들고 조금 혜택은 받지만, 그리 많진 않아. 난 아들 하나에 딸 둘이 있는데, 딸들에겐 해준 건 많이 없어도 나에겐 잘해.

내가 아들에게 맞고 딸 집에 가면 두말 않고 받아주거든. 아들 놈은 지 누나들도 때리니 딸들도 우리 집에 오길 싫어하지. 항상 나보고 자기 집에 오라고, 같이 살자고 이야기하는데. 그래도 에미라고 아들 놈 걱정 때문에 못 가겠거든.

아들 놈은 이혼에 실직에 신경정신과 약도 먹고 있거든. 오죽 괴로웠으면 그랬냐만 싶지만, 그래도 이건 아닌 것 같더라고. 집이 무서워."

난 울먹이며 이야기했다. 언제부턴가 아들의 폭언과 폭행이 심해지고 난 아들과의 별거를 생각하고 있었다. 때마침 기관에서 나를 찾아와 그들에게 도움을 요청할 수도 있게 되었다. 그들은 나를 도와주겠다는 의사를 밝혔다.

"지금 어르신께서 가장 도움을 받고 싶으신 게 있으세요?"

난, 나의 의사를 분명히 전달해야 할 필요성을 느꼈다.

"난 아들 놈하고 따로 살고 싶어. 더 이상 맞기 싫거든. 나도 나이를 먹었는데 그런 대우 받으며 아들 놈하고 살 필요는 없거든. 집에 들어가면 전화도 제대로 못해, 맘대로 나왔다 들어갈 수도 없어. 환장할 노릇이지."

나는 그들에게 나의 이야기를 하고 아들과 떨어져 살고 싶다는 속내를 비쳤다. 둘째 딸이 나와 같이 살기를 원하지만 그러고 싶지 않았다. 혼자 살고 싶었다.

혼자 살아도 경제적으로 신체적으로 문제가 없었다. 그후 난 사회복지사와 헤어지고 할 수 없이 집으로 들어갔다.

며칠 후 난 아들의 심한 학대에 견디다 못해 작은 딸집으로 피신했다. 작은 딸에게 빌려준 돈이 있었기에 그 돈으로 임대 아파트에 들어가기로 딸과 이야기했다.

그리고 큰 딸 집으로 와 혼자 살 준비를 하기 시작했다.

딸집에 있으면서 기관 자조모임 프로그램에도 참여했다. 그 프로그램을 통해 나를 되돌아보는 계기를 갖게 되었으며, 더 이상 자식에게 얽매인 삶을 살아가고 싶지 않다는 생각을 하게 되었다. 이렇게 재미있는 활동들을 왜 여태 외면하고 살았던가 싶다.

그 후 난 지금의 집으로 이사를 하고 혼자 생활하고 있다. 하지만 혼자 생활하는 것에 대한 두려움은 전혀 없다. 나에게 일할 힘이 남아 있고 경제적 능력도 어느 정도 갖추었기에 잘 살 수 있을 것이다.

오늘은 나에게 도움을 준 사회복지사들이 찾아왔다. 무척이나 반가웠다. 안부차 들렸으며 시간이 된다면 가끔 찾아오고 싶다고 했다. 또 기관에서 나들이 계획이 있는데 참여하실 의사가 있냐고 물었다.

"당연히 가야지. 기대 되네. 이젠 그런 모임들이 조금씩 설레는 게 나에게 다시 인생이 시작된 기분이야. 고마워."

난 웃으며 대답했다. 사회복지사들은 집을 나섰고 난 아파트 베란다에서 그들을 보며 인사했다.

오늘도 공공근로를 나간다. 오늘따라 마음이 설레고 신이 나는지 날씨가 참 좋아 보인다. 며칠 전 아들과 통화했을 때 아들은 새로운 여자가 생겼다고 한다. 새로운 사람은 괜찮은 것 같지만 또 다시 돈과 시간만 허비한 채 끝날까봐 걱정이 되기도 한다.

그래도 크게 연연하지 않으려 노력하고 있다. 이제 나에게 일을 할 수 있는 능력이 있고 경제적인 생활도 가능하기에 열심히 살아간다면 행복해질 수 있을 것이다. 기관에서 하는 프로그램도 꾸준히 참여할 생각이다.

과거의 힘들었던 1막 인생은 끝났다. 이제 행복한 2막, 3막의 인생이 시작이다!

언제나 큰 힘이 되어준
나의 버팀목

✽ 피해자 : 장현수 (가명, 남, 74세, 치매)
✽ 학대행위자 : 장현수 (피해자 본인)
✽ 학대유형 : 방임 (자기방임)

　일전에 자살 시도를 한 피해자는 본인이 치매라는 것을 알고 그동안 모아 놓았던 책들과 세간을 하나둘씩 정리한다. 큰아들의 죽음과 치매로 인한 상실감을 떠안고 마지막 여행을 준비하신다.

　피해자는 자신이 치매라는 것을 알고 더 늦기 전에 마지막으로 여행을 떠나려 하지만 피해자의 건강 상태로는 무리였다.

　결국 피해자의 고집으로 혼자만의 여행을 시작하였고 부산에서부터 강원도 어귀까지 여행을 시작하였다. 사회복지사들은 약 10일간 패해자가 돌아올 때까지 피해자의 위치를 수시로 파악하며 혹시나 모를 응급상황에 대비하고 있었다.

> 여행 이후 거처가 없는 피해자는 본 기관을 통하여 일시보호되었으며 건강이 회복된 후 피해자의 보금자리가 마련되었다. 본 기관에서 지속적으로 피해자의 안부를 확인하고 있다.

'편하게 잠들고 싶다.'

난 그동안 모아 둔 수면제를 입에 털어 넣었다. 더 이상 삶에 미련이 없었다. 그동안 힘들게 인생을 살아왔고 더 이상 힘들게 살고 싶지 않았다. 눈물이 났다. 그리고 작년에 먼저 떠난 큰아들 놈이 생각이 났다. 왜 아버지보다 먼저 죽어 이 아비의 마음을 이다지도 아프게 하는 것인지.

'이제는 이 인생에 미련이 없다.'

난 눈을 감았다. 그리고 기나긴 잠을 청했다.

햇볕이 쨍쨍 내리쬐는 한여름 어느 날, 큰아들은 집에 찾아왔다. 참 오랜만에 왔다. 난 가족들과 떨어져 혼자 살고 있다. 잠깐 떨어져 지내는 것이 아니라, 우리는 영영 같이 살 수 없는 처지다. 자식들은 나와 같이 사는 것을 거부했다. 과거에 나에게 받은 상처가 컸던 모양이다.

그나마 큰아들만이 나의 집을 오가며 소식도 전해주고 나에게 힘이 되어주고 있었다.

"아버지, 저 이혼하고 싶습니다."

오랜만에 찾아와서 꺼낸 첫 마디였다.

"이유가 무엇이냐? 여태 특별한 문제 없이 살았는데, 이제 와서 헤어지는 이유가 뭐냐? 왜, 어멈도 이혼하자고 하더냐?"

난 당최 아들의 속내를 이해할 수 없었다. 아버지의 이혼을 보고 그 힘듦을 알고 자란 큰아들이었다. 그토록 엄마를 보고 싶어하며 어린 시절을 지내왔기에 누구보다 가정을 소중히 여기며 자랄 것이라 믿어 의심치 않았다.

"아내는 이혼하자고 이야기하진 않았어요. 하지만 제 눈에는 그래 보여요. 그리고 저도 그러고 싶고요. 더 이상 사사건건 부딪치며 살고 싶지 않습니다."

아들 놈의 이혼 이야기에 난 당황했다. 내가 아내와 이혼한 것이 아들 놈에게까지 전염이 된 것인가? 그런 생각이 드니 미안했다.

"생각을 굳힌 것이냐? 생각해 볼 여지는 남겨두지 그러냐. 이 아비가 너에게 못난 모습을 보여 그런 것 같아 마음이 더 아프구나."

아들은 쓴 웃음을 지으며 말했다.

"아니에요, 아버지의 영향보다 제가 못 견뎌내는 거죠. 이제 더 이상 제가 못견뎌내는 겁니다. 신경쓰지 마세요. 암튼 아버지께 말씀드렸습니다. 저는 이제 집에 가면 바로 이혼하겠습니다."

더 이상 만류할 수 없을 만큼 생각을 굳게 굳힌 터였다. 막을 수 있는 이유도, 시간도 나에게는 없었다.

그 후로 아들과 난 소소한 이야기를 나누며 좀더 시간을 보냈다. 난 며칠 동안 큰아들 녀석이 던지고 간 말들을 곱씹으며 우울한 하루하루를 보내고 있었다.

며칠 뒤 휴대 전화 문자 메시지가 왔다.

'지금 아범이 죽었어요. 아버님도 오셔서 확인하세요.'

큰 며느리에게 온 문자였다. 난 잘못 본 게 아닌가 싶어 다시 한 번 문자 내용을 확인했다.

'지금 아범이 죽었어요. 아버님도 오셔서 확인하세요.'

놀란 가슴이 진정되지 않는다. 아무리 아니라고 아니라고 하며, 메시지를 봐도 내용은 똑같다.

'큰아들이 죽었다고…….'

이런 말도 안 되는 상황을 어떻게 받아들여야 하는가. 분명 며칠 전에 찾아와 이야기도 하고 가지 않았는가. 죽을 이유도, 죽어서도 안되는 사람이었기에 놀람이 더욱 클 수밖에 없다. 나에게 유일하게 남은 버팀목인데.

난 사실 확인을 위해 며느리가 알려준 병원으로 서둘러 갔다. 도착해 보니 아들은 이미 죽은 지 3일이나 되었다고 했다. 난 이해할 수 없었다. 그것도 자살이라고 했다. 자살이라니, 죽을 이유가 없던 아들이 왜 자살을 했단 말인가.

새로 사업도 시작해서 희망에 부풀어 있던 모습이 엊그제 같은데. 난 믿지 않았다. 믿을 수 없었다.

"어멈아! 자살이 확실하다더냐?"

난 며느리에게 물었다.

"네. 아버님께 다녀오신 뒤에 차속에서 연탄을 피워놓고 며칠 동안 잠들어 있었대요. 우리를 잘 아는 사람이 지나가

다 그이의 차를 발견하고 계속 그 사람이 있는 모습을 보고 경찰에 신고를 했다고 했어요."

난 온 몸이 휘청거렸다. 그렇게 난 아들을 보내야 했다. 나에게 커다란 버팀목이 되어준 큰아들 놈을.

"어르신 정신이 드세요?"

난 죽고 싶었다. 죽으려고 그동안 모아놓았던 수면제를 먹으며 눈을 감았다.

하지만 편하게 죽으려 했던 내 계획은 실천되지 못하고 병원에서 다시 눈을 떴다.

누구보다 의지를 했던 큰아들에 대한 상실감이 컸던 탓에 살 의지를 잃고 죽음을 택한 것인데 그것마저 되지 않으니 어떡하란 말인가!

이제 마지막으로 여행을 떠나고 싶었다. 이사 갈 의향을 이미 집 주인에게 밝혔고 혼자만의 여행을 가기로 마음을 먹었다. 세간도 다 정리하고 여행을 가면 짐도 자식들에게 가져가라고 할 터였다. 미련 없이 세상을 정리하려 마음먹고 부산의 누님 댁을 시작으로 강원도로 향했다.

하지만 그것도 마음대로 되지 않았다.

"여보세요? 어르신? 경기남부노인보호전문기관입니다. 어르신이 현재 계신 곳이 어디세요? 연세도 있으신데 혼자 돌아다니시면 위험하세요."

내가 자살하려고 했을 때 나를 찾아왔던 기관에서 온 전화였다. 나의 여행이 위험하다는 이야기를 누차 했었고 누구보다 말렸던 이들이었다.

누구보다 자살 의지가 강했던 나였다. 그래서 마지막이다 하고 생각한 여행이었고 삶의 미련도 없었던 터였다. 몸도 늙었고 경제적 능력도 나에게는 없었다. 하지만 나에게 삶의 의지를 일깨워 준 사람들이다.

힘없고 무능력한 나에게 많은 이야기를 해주고 나의 이야기도 꾸준히 들어주며 끊임없이 삶의 의지를 불어넣어 주려고 노력했던 사회복지사들. 그들은 나보다 나이도 어리고 경험도 없지만 누구보다 따뜻했다.

가족과 동떨어진 삶을 사는 내게는 가족보다 더 많은 이야기를 나누는 말동무였다.

사회복지사들과 기관, 그리고 교회의 도움으로 난 지금의 집으로 이사 왔다. 현재는 정부에서 나오는 수급비로 생활하고 있다.

내가 자살하려고 했던 지난 시간을 떠올리면 쓴 웃음밖에 나오지 않는다. 얼마나 미련한 일인가? 사회복지사들은 얼마나 애를 태웠을까?

누군가 나에게 사는 게 힘들지 않냐고 물어보면 늘 이렇게 대답한다.

'과거에 어려웠을 시절보다 지금의 수급자 생활이 훨씬

안정되고 편안한 생활이다. 더 이상 욕심 내지 말고 살 수 있을 만큼 살아보다 인생을 마무리하자.'
라고 말이다.

주변의 따뜻한 사람들. 사소한 것마저 챙겨주며 나에게 삶의 의지를 불어 넣어준 이들. 그들이 있었기에 난 또 다른 버팀목을 의지하며 살고자 하는 의욕을 느낀다. 어디선가 나와 같은 사람이 있다면 더 이상 미련한 행동은 하지 않았으면 한다.

나에게 버팀목이 되었던 큰아들은 떠났지만 새로운 나무가 마음속에서 자라고 있다. 하나를 잃으면 또 다른 하나가 마음 속을 채우게 된다.

그래서 세상은 살 만하다.

나 하나만은, 너를 꼭 지켜줄게

✻ 피해자 : 문현숙 (가명, 여, 87세)
✻ 학대행위자 : 최범석 (가명, 차남, 55세)
✻ 학대유형 : 1, 2차 - 신체적 학대, 정서적 학대
　　　　　　 3차 - (의료적) 방임

　아무렇지 않은 듯 개에게 물린 자신의 손목을 내밀며 천
진난만한 웃음을 짓는 피해자. 다시 만난 피해자의 모습이
었다.

　처음과 두 번째 만남은 피해자가 길을 배회하던 중 기관
의 일시보호를 받게 됨으로써 이루어졌다. 추후 피해자의
생활과 보호를 강화하기 위하여 수급자 신청을 진행하던
중, 피해자는 학대를 행한 그 아들이 그리워 보고 싶다면서
시설의 2층에서 휴지를 끌어안고 탈출을 시도했다.

　낙상으로 상처를 남기고 되돌아간 집, 반겨주는 이가 있었
던가. 피해자는 아들이 애지중지 키우던 개에게 물렸지만 제
대로 병원 진료도 받지 못하고 개보다도 못하게 방치되었다.

　아들이 보고 싶어서 돌아간 집에서 손목의 상처를 낫게
하려고 연고를 바르고, 휴지와 비닐을 둘러맨 가느다란 그

손목, 피해자는 당장 병원으로 모셔져 치료를 받았다.

자신을 사랑과 관심에서 멀리 둔 그 아들을 자식이기에 또 용서하고 함께 살아가야 한다는 부모의 집착된 의무감. 어쩌면 그런 사랑이 피해자를 살아가게 하는 힘이 되었을지도 모른다.

피해자는 현재 본 기관에서 파견한 노인학대 지킴이단을 통하여 재학대 방지를 위한 사후관리가 진행되고 있으며, 아들을 향한 사랑을 자신의 방식으로 전하며 생활하고 있다.

늦은 밤, 난 드디어 결심을 했다. 난 이 시설에 더 이상 있을 상황이 아니다. 내 몸이 아파 나를 치료하려 데리고 온 시설이다. 하지만 아들에게 어디로 간다는 말 한 마디 없이 도착한 곳이다. 내가 동의하고 왔지만, 아들한테 말하지 못한 것이 끝내 마음에 걸렸다.

경기남부노인보호전문기관에서는 나를 위해서 여기에 데리고 왔다. 하지만 집에 있는 아들이 걱정되어서 도저히 오래 있을 수 없을 것 같다.

그리고 더욱 참을 수 없는 것은 여기 환자들이다. 몸이 너무 아픈 사람들밖에 없는 이곳은 나에게 지옥과도 같다.

나는 그렇게 아프지 않다. 혼자 할 수 있는 것들이 많으며 아직도 아들은 내가 보살피고 있다. 그런 아들을 혼자 두고 왔으니 난 마음이 아프고 너무 신경이 쓰였다. 내가 죽을 때까지 보살펴야 할 아이이기 때문에 더욱 신경이 쓰인다.

나는 아들 걱정에 시설에서 나갈 생각을 했다. 며칠 있다가 몸이 좋아지면 나가겠지만, 하루라도 빨리 나가야겠다.

이제는 내가 움직여야 할 차례. 여기 직원들은 지금 환자들을 돌보느라 여념이 없다. 나는 그나마 몸이 많이 아프지 않아 수발 없이 혼자 할 수 있는 게 많다. 여기 대부분의 다른 환자들은 수발 없이는 아무 것도 할 수 없다. 그렇기에 상대적으로 나는 자유로운 편이다.

여기 저기 돌아다니며 휴지를 끌어 모았다. 문은 잠겨 있

고 내가 나갈 수 있는 방법은 창문을 통해서다. 모은 휴지를 엮어서 줄을 만들고 창문으로 탈출을 시도할 생각이다.

아직 나갈 날이 며칠 남았다. 하지만 집에 있는 아들이 걱정 돼서 난 불안했다. 그래서 결심한 것이다. 아무도 모르게 조용히 나갈 것이다.

그리고 난 뛰어내렸다. 하지만 내 생각대로 이루어지지 않았다. 나는 뛰어내린 대가로 다쳤고, 다시 병원에 가게 되었다. 어쨌든 거기서 치료를 하고 다시 집으로 들어갈 수밖에 없었다.

아들이 나를 학대하는 것은 분명히 맞다. 나도 아들이 무섭기는 하다. 하지만 왜 아들이 나를 그렇게 괴롭히는지 그 누구도 이해할 수 없다.

아들은 나에게 남은 유일한 혈육이다. 남편과 큰아들은 먼저 세상을 떠났고, 남은 자식은 1남 2녀이다.

장남은 약국에서 일하는 약사였다. 결혼을 하기로 약속한 여자가 있었는데, 그만 인근 석유공장에서 화재가 발생해서 둘 다 죽고 말았다. 참 성실하고 결혼을 앞두고 들떠 있었던 모습이 아직도 생생한데.

딸들은 형식상 가족이다. 한 번도 찾아와 본 적 없으며 연락도 하지 않는다. 죽은 남편이 나와 재혼하기 전에 낳은 딸들인데 호적 정리를 제대로 하지 않아 내 딸로 되어 있다.

따지고 보면 딸들은 나를 어머니로 인정하지 않고 있다.

그렇기에 연락도 없고 찾아올 생각도 하지 않는다.

그리고 남은 둘째. 첫째 아들이 그렇게 비명에 간 이후에 많은 애정을 쏟았다.

운수 회사에서 착실히 일을 하다 회사가 부도가 나면서 해고가 됐다. 설상가상으로 이혼까지 하며 심적인 고통이 컸으리라.

그 후 술을 자주 마시기 시작했고 아들은 분노를 제대로 표출하지 못하고 그 분노를 나에게 돌리기 시작했다. 난 몸도 마음도 조금씩 지쳐갔지만, 저렇게 벌써 지쳐버린 아들만 생각하면 눈시울이 붉어진다. 그리고 내 마음은 찢어진다.

얼마 전, 아들이 방에서 키우던 개에게 물렸다. 개가 새끼를 낳을 때가 되니 사나워져서 나에게 덤빈 것이다. 힘없는 늙은이는 그냥 당할 수밖에 없었다.

아들이라도 있었으면 그런 화를 당하지 않았을 텐데, 때마침 새로운 직장에서 출장을 나가는 바람에 집에 없었다.

난 치료조차 제대로 할 수 없었다. 아들도 없었고 병원까지 가기에는 너무 멀어 그냥 약만 바르고 내버려 두었다. 아들은 소식이 없어서 출장이 생각보다 길어지나 싶었다.

그렇게 아들을 하염없이 기다리고 있을 때 경기남부노인보호전문기관에서 노인학대 지킴이단이 집을 방문했다. 그들은 내가 팔을 다친 것을 보고 놀라 기관에 전화를 하며 병원으로 가자고 설득했다.

시간이 조금 지나고 나서 기관에서 나온 사회복지사들이 집을 방문했다.

"어르신, 다치셨다면서요? 아드님은 어디 가셨어요? 연세도 있으신데 다치시면 얼른 병원에 가셔야죠. 저희랑 얼른 병원에 가시죠."

그들은 나를 병원으로 데려가고자 했다. 하지만 아직 아들이 오지 않았다. 내가 병원으로 간 사이 아들이 찾아오면 나를 찾지 않을까 걱정이 되었다.

"아드님이 걱정되서 그러시죠? 저희가 연락해 드릴 테니 병원가시죠."

나는 사회복지사들의 말을 믿고 병원에 갔다. 병원에서는 예상외로 상처가 깊어서 봉합을 해야 할지 모르겠다고 했다. 그렇게 치료를 하고 집으로 돌아왔다. 집에 들어오니 출장을 갔던 아들이 돌아왔다. 사회복지사들은 내가 아픈데 모르셨냐며 아들에게 물어보았다.

"출장 중이라 몰랐습니다. 지금 병원에 다녀왔으면 되었잖아요."

"앞으로 아드님께서 직접 병원에 모시고 가세요."

사회복지사들은 아들이 부양을 소홀히 하는 것에 걱정하며 부양을 좀더 할 수 있는 기회를 만들어주고 싶다고 하며, 아들에게 나와 병원에 동행해 줄 것을 부탁했다. 그렇지만 아들은 흔쾌히 대답하지 않았다. 원래 그랬다. 큰 기대는 하지 않았지만 그래도 아쉬운 것은 어쩔 수 없었다.

오늘은 장을 보고 왔다. 저 큰 길가에 있는 공판장에 다녀왔다. 다리도 아프고 눈도 침침하지만 마음이 너무 아픈 아들이 겪을 고통에 비하면 몸이 아픈 것은 아무 것도 아니다. 얼른 가서 밥을 해줘야 할 것 같다.

세상은 다 너를 욕할지도 모르겠다. 엄마를 때리는 나쁜 아들이라고. 하지만 난 그저 사랑을 주고 싶구나. 그 사랑으로 인해 너가 다시 일어설 수 있는 그날까지 말이다.

세상이 다 너를 욕해도 나는 괜찮다!

듣고 적고 전하는
학대피해노인의 이야기

괜찮다

초판 1쇄 인쇄   2012년 5월 10일
초판 1쇄 발행   2012년 5월 15일
글 쓴 이   박주현
발 행 인   박성복
발 행 처   도서출판 월인
            142-879 서울특별시 강북구 노해로25길 61
전   화   (02) 912-5000
팩   스   (02) 900-5036
등록번호   제6-0364호
등록일자   1998년 5월 4일
홈페이지   www.worin.net

ISBN   978-89-8477-515-2   03330

값 8,000원